KB236356

HOUKI TOTOMONI AI GA HAJIMARU

SHISOU/SEIJI NO TAMENO 32SHOU

ⓒJUN HIROSE 2012

Originally published in Japan in 2012 by KAWADE SHOBO SHINSHA Ltd. Publishers., TOKYO,
Korean translation rights arranged with KAWADE SHOBO SHINSHA Ltd. Publishers., TOKYO,
through TOHAN CORPORATION, TOKYO, and EntersKorea Co., Ltd., SEOUL.

봉기와 함께 사랑이 시작된다

세계를 전복하는 사상 입문

히로세 준 지음 / 김경원 옮김

바다출판사

차례

디스토피아와 함께 봉기가 시작된다

나를 죽이지 않는 모든 것은
나를 강하게 한다

디스토피아와 함께
봉기가 시작된다

나를 죽이지 않는 모든 것은
나를 강하게 한다

질 들뢰즈의 《시네마 Ⅱ: 시간-이미지Cinéma Ⅱ: L'image-temps》에는 다음과 같은 인상 깊은 구절이 나온다.

> 우리에게는 하나의 에티카, 하나의 믿음이 필요하다. 이 말
> 을 들으면 어리석은 자들은 웃을 것이다. 우리에게 필요한
> 것은 무언가 다른 것을 믿는 것이 아니라 이 세계를 믿는 것
> 이다. 어리석은 자들도 일부를 이루고 있는 이 세계를.

아마도 오늘날 일본의 대다수 주민은 곧바로 이 말을 자기 자신에 대한 언어라고 생각할 것이다. 몇십 년 전에 미셸 푸코는 다음 세기는 들뢰즈의 것이라는 말을 했는데, 일본에는 이미 새로운 세기가 도래했는지도 모른다.

위에서 들뢰즈가 말한 '우리'는 이 세상을 '한 편의 형편없는 영화'처럼 살아가고 있는 현대의 인간을 가리킨다. 여기에서 문제시되는 것은 세상이 그러한 것으로 '있다'는 것이 아니라 어디까지나 우리가 세상을 그러한 것으로 '본다'는 점이다.

따라서 《시네마 Ⅱ: 시간-이미지》가 논의하고 있는 바는 1980년대

중반에 들뢰즈와 펠릭스 가타리가 공저로 낸 텍스트 〈1968년 5월은 일어나지 않았다May '68 did not take place〉에 나오는 첫 구절과 서로 호응하고 있다.

> (1968년에서) 중요한 것은 그것이 '보는' 현상이었다는 점, 다시 말해 사회가 갑자기 자기 안에서 견디기 힘든 무언가를 본다는 것, 동시에 무언가 다른 가능성을 보는 현상이었다는 점이다.

'견디기 힘든 것l'intolérable'이라는 표현은 비유가 아니다. 어디까지나 글자 그대로 이해하지 않으면 안 된다. 이 세상은 어리석은 자들이 좌지우지하고 있다. 그러한 상황을 견딜 수 있는 무언가로 바꾸는 액션은 일체 불가능하다. 어리석은 자들을 설득하여 조금은 나은 인간이 되도록 하는 것도, 그들로부터 패권을 빼앗아 오는 것도, 그들을 전부 숙청하여 어리석은 자가 없는 세상을 만드는 것도 하나같이 불가능하다는 것이다. 우리 눈에 이 세상이 형편없는 영화처럼 보이는 까닭은 어리석은 자들이 세상을 좌지우지하고 있는 것으로 보이기 때문만이 아니라, 그러한 세상을 변혁하기 위한 그 어떤 액션도 불가능하다고 인식하고 있기 때문이기도 하다. 요컨대 세상의 한복판에서 '견디기 힘든 것'을 본다는 것은 혁명의 불가능성을 본다는 것, 다시 말해 혁명이라는 액션이 불가능하기 때문에 바로 그것을 '본다'는 말이 된다. '보는' 것밖에 허용되지 않는 자들의 에티카, 이것이 들뢰즈 철학의 핵심이다.

앞에서 인용한 두 구절에 모두 '무언가 다른 것autre chose'이라는 말이 나오는데, 이 말들은 단순히 상이한 것을 의미하기는커녕 오히려 정면으로 대립하고 있다. 전자에서 언급한 '무언가 다른 것'은 단적으로 말해 혁명을 가리킨다. 세상이 형편없는 영화처럼 보일 때 필요한 것은 혁명을 믿는 일이 아니다. 왜냐하면 혁명의 불가능성 그 자체를 발견하는 것이 바로 세상이기 때문이다. 전자의 인용에서 들뢰즈가 말하고자 한 바는 바로 이것이다.

이에 비해 후자에서 언급한 '무언가 다른 것'이란 누가 봐도 형편없는 영화로밖에 보이지 않는 이 세상을 그럼에도 믿기 위한 이유 자체를 가리킨다. '이 세상'에는 현세적인 측면을 뛰어넘는 과잉이 늘 포함되어 있다. 현세적인 레벨에서 아무리 형편없는 영화처럼 보인다고 해도 세상은 늘 잠재력으로 가득 차 있다. 후자의 인용에서는 이 잠재력을 '본다'는 것이 문제적이다. 우리의 액션에 따라 더 나아질 수 있는 힘이 세상에 늘 남아 있다고 믿는 것은 더 이상 문제가 되지 않는다. 현세성과 잠재성의 끊임없는 이중화를 통해 세상을 파악하는 것, 이것이야말로 후자에서 인용한 '견디기 힘든 것'과 '무언가 다른 것'의 쌍방을 동시에 '본다'는 것이 말하고자 하는 바다.

잠재력은 혁명의 가능성을 말하는 것이 아니다. 혁명은 액션의 차원에 속하지만 잠재력은 순수한 비전, 인식의 대상일 뿐이다. 형편없는 영화 속에서 어리석은 자들과 함께 살아갈 수밖에 없는 운명에 놓여 있기 때문에 필연적인 운명의 규정에서 벗어나는 것을 우리에게 허락해 주는 것, 이것이야말로 들뢰즈가 말하는 '잠재력 puissance'의 정의일 것이다. 현세적 차원에 머무르는 한, 우리는 스스로의 운명에 필연적으로 규정당하면서 살아갈 수밖에 없지만, 잠재력을 '보는' 것에 의해 운명과의 필연적 관계를 풀고 운명의 한가운데서 자유와 자율성을 획득한다. 혁명은 운명을 부정하지만, 잠재력은 운명을 긍정한다. 운명을 긍정하면서 그것과의 필연적 관계를 부정하는 것이다. 그러므로 '이 세계를 믿는다'는 것은 디스토피아의 에티카다.

들뢰즈의 《시네마》 두 권은 세계의 존재론 속에 영화를 써 넣음으로써 영상에 존재론적인 근거를 부여하려는 시도는 아니다. 반대로 영화의 인식론을 세계 전체로 확장함으로써 세계를 인식론적으로 다시 파악하려는 시도다. 이 책에서는 앙리 베르그송의 이마주image의 존재론으로 논의를 시작하고 있는데, 그것은 제2권의 후반에 니체를 등장시켜 베르그송을 배신하기 위해서 그렇게 했을 뿐이다. 잠재력은 존재하지 않는다. 잠재력은 '보는' 것에 의해 비로소 창출되며, 그래서 '거짓된 잠재력puissance du faux'이라고 일컬어진다. '보는' 것에 의한 잠재력의 창출—들뢰즈의 《의미의 논리 Logique du sens》에도 등장하는 시인 조에 부스케Joë Bousquet[1] 의 다음 구절만큼 이 점을 확실하게 표현하는 것도 없을 것이다.

> 빵이나 과일이 먹을 것이 되는 것은 그 안에 들어 있는 것
> 때문이 아니라 그것이 표현하고 있는 것 때문이다. 과일이
> 너의 먹을 것이 되는 것은 너의 사고 속에 그 과일을 열매

[1] 조에 부스케(1897~1950): 프랑스의 시인. 제1차 세계대전 중 척추에 부상을 입어 평생 고통에 시달렸다. 그의 작품은 바슐라르가 종종 인용하는 시, 블랑쇼가 경탄한 산문이었으며, 들뢰즈가 "가장 위대한 사건의 모랄"이라고 말한 사상을 담고 있다.

맺은 나무가 있기 때문이다.

먹을 것 섭취는 생물로서 살아가는 우리에게 정해진 운명이며, 시인은 이 운명을 부정하지 않는다. 그가 단식으로 혁명을 불러일으키는 일은 결코 없을 것이다. 부스케가 제안하는 것은 운명으로서 우리에게 도래하는 먹을 것 섭취라는 물체적인 계기를 '사고'라는 비물체적인 표면에서 그대로 재연하여 이중화하는 것이다. 그렇게 하여 '먹을 것이 표현하는 것'의 이미지를 통해, 즉 먹을 것의 잠재성의 이미지를 통해 먹을 것을 '본다'는 것이다. 잠재력이 '보는' 행위에 의해 이렇게 창출될 때에만 먹을 것은 우리에게 무언가 다른 것이 되기 위한 '식량'이 된다.

후쿠시마 제1원전 사고가 일어난 이래, 더욱 정확히 말하면 1년이 지난 지금까지 원자력 발전 사고가 진행 중인데도 노다 정권이 오오이 원자력 발전소의 재가동을 결정한 이래, 일본에 사는 수많은 사람들에게 세상은 실로 형편없는 영화로밖에 보이지 않게 되었다. 살아간다는 것이 형편없는 영화 속에서 어리석은 자들과 살아가는 것 말고는 아무런 의미가 없다고 해도, 그들은 살아가는 일을 포기하지 않는다. 세계 변혁의 절대적인 불가능성에 부딪치고 나서도 그들은 '이 세계를 믿는' 일을 포기하려고 하지 않는다. 부스케와 마찬가지로 그들은 운명을 잠재력에 의해 이중화하고자 시도하는 것이다. 도쿄전력에 의한 방사능 오염 사건이든, 국가=자본이 의연하게 결탁을 하고 있든, "나를 죽이지 않는 모든 것은 나를 강하게 한다"(Was mich nicht umbringt, macht mich stärker)는 니체의 말처럼 그렇게 긍정하기 위해 그들 또한 거짓된 잠재력을 창출하려고 하는 것이다.

> 역사 속에서 혁명이 더듬게 되는 길과 사람들이 혁명적으로 되는 것, 이 두 가지는 혼동하기 쉽지만 실제로는 같은 문제가 아니다. 사람들에게 유일한 기회는 '혁명적으로 된다'는 데 있으며, 그것만이 치욕을 씻어 낼 수 있는 일, 용서하기 힘든 것에 대응할 수 있는 일이 된다.

들뢰즈의 말처럼 세계가 우리의 혁명에 의해 무언가 다른 것이 되는 것이 아니라, 세계 속에서 우리 자신이 무언가 다른 것이 되

고, 혁명적으로 되고, 자유로운 인간이 되는 것이다. '된다devenir'
는 것은 세계의 것이 아니라 우리 자신의 것이다. 세계가 무언가가
'되는' 것을 기대하는 우리의 치욕, 세계로부터 사랑받을 것을 기
대하는 우리의 치욕은 우리 자신이 무언가가 '되는' 것으로만, 우
리가 세계를 사랑하는 것으로만 씻어 낼 수 있다. 이 책에서 '봉기'
라고 부르는 것도 우리 한 사람 한 사람이 무언가가 '되는' 것, 그것
에 관한 이중화된 비전, 디스토피아를 뒤바꾸는 에티카, 게릴라전
을 가리킨다. 이와 더불어 시작되는 '사랑'이란 아모르 파티amor fati,
즉 '운명애'에 다름 아니다.

2012년 10월 8일

도쿄에서 히로세 준

안 하고
싶습니다

일을 하지 않는 것이 창조적인 삶을 되찾는 계기가 될 수 있지 않을까? 이것은 해고당한 노동자가 문득 마음 깊숙한 곳에서 떠올릴지도 모르는 가장 은밀한 물음이다. 일하지 않으면 돈이 없고, 돈이 없으면 살아갈 수 없다. 따라서 나는 같이 해고당한 동료와 함께 노조를 결성하고, 아무렇지 않게 우리의 밥줄을 끊은 무리를 규탄하고, 고용의 지속과 생활의 보장을 위해 싸운다. 그러나 그러한 분노가 극에 달했을 때, 그 분노의 정반대에 있을 것만 같은 하나의 절대적인 희망이 갑자기 솟아오른다. 일을 하지 않는 것만이 '내 인생을 보란 듯이 사는' 출발점이 아닐까?

일본에서는 〈남자와 여자가 있는 도로〉라는 제목으로 장뤼크 고다르Jean-Luc Godard[1]의 1962년 영화를 상영했는데, 이 작품의 원제는 〈비브르 사 비Vivre sa vie〉(나의 인생을 산다는 뜻)이다. 그리고 고다르는 그 1년 전인 1961년에 〈여자는 여자다Une femme est une femme〉라는 작품을 발표했다. 안나 카리나Anna Karina[2]라는 배우가 주연을 맡은 두 작품, 〈여자는 여자다〉와 〈비브르 사 비〉 사이에는 어떤 관계가 있을까? 당시의 인터뷰에서 고다르는 다음과 같이 말했다.

> 10시간 동안 계속 같은 벽을 보고 있으면 이런저런 물음
> 이 떠오르기 마련입니다. 사실은 하나의 벽에 지나지 않지
> 만……. 중요한 것은 사람들이 자신의 인생을 사는 것입니
> 다. 너무 오래 바라보고 있으면 결국 아무것도 이해할 수 없
> 게 됩니다.

'여자는 여자'(벽은 벽)라는 것과 '나의 인생을 산다'는 것은 매한
가지다. 그렇다면 여기에서 부정적으로 언급한 '계속 같은 벽을 보
고 있으면 이런저런 물음이 떠오른다'는 것은 무엇을 의미할까? 한
마디로 말하자면 그것은 벽에게 일을 시키는 것을 의미한다. 다시
말해 벽이 일을 함으로써 그 노동으로부터 다양한 '물음'이 잉여로
생산된다는 것을 의미한다. 그렇게 해서 생산되는 '물음'이 잉여
(잉여 가치)인 이유는 실제로 벽은 그저 벽일 뿐이지만, '물음'은 거
기에서 여분으로 생산되는 가치이기 때문이다. 벽이나 여자에게는
그러한 여분의 가치를 생산할 수 있는 잠재력이 있다. 그러나 그렇

1
장뤼크 고다르(1930~): 프랑스
의 영화감독. 1960년의 데뷔작
〈네 멋대로 해라〉로 프랑스의
영화 운동인 누벨바그의 상징적
인 인물이 되었다. 현대인의 소
외된 삶을 예리하게 관찰하면
서, 정치사회적 문제를 즉흥적
인 촬영과 사실적인 음향 등을
통해 자유분방하게 담아냈다.

2
안나 카리나(1940~): 누벨바그
를 대표하는 덴마크 출생의 배
우. 고다르의 연인이기도 했다.
〈여자는 여자다〉에 처음 출연한
이래 고다르의 영화 6편에 출연
했다. 1961년 제11회 베를린 국
제영화제 여우주연상을 수상했
다.

게 해서 생산되는 잉여 가치는 벽에게 노동을 시키는 자의 몫은 될 수 있을지언정 노동을 한 벽 자체의 몫은 절대로 될 수 없다. 벽은 착취당한 것이다.

벽이나 여자가 자신의 인생을 살기 위해서는 그러한 잉여 가치의 생산에서 해방되어야 한다. 즉 노동에서 해방되어야 한다. 모든 노동으로부터 심신이 해방될 때야말로 '벽은 벽' 또는 '여자는 여자'라는 충분한 긍정이 최초로 가능해진다. 즉 벽의 잠재력이 어떠한 잉여 가치로도 현실화되는 일 없이 그 자체로 가치를 갖게 되는 것이다. 일을 통해 자아실현을 이루고자 하는 사람들은 잉여 가치를 생산할 때에만 인간의 잠재력이 가치 있다는 믿음을 갖고 있다. 이에 대해 고다르는 반론한다. 그러한 신앙이야말로 사람들이 '자신의 인생을 살' 가능성을 빼앗아 왔다고 말이다.

고다르와 동시대의 영화감독 중에 미켈란젤로 안토니오니 Michelangelo Antonioni[3]라는 사람이 있다. 일본에는 〈방랑하는 두 사람〉이라는 제목으로 알려진 그의 1975년 작품의 원제는 〈직업: 리포터Professione: reporter〉다. 이 작품의 내용은 원제를 듣고 떠올릴 수 있는 것(예를 들어 '일에 목숨을 거는 열혈 리포터' 등등)과는 거리가 멀

3
미켈란젤로 안토니오니(1912~ 2007): 이탈리아의 영화감독. 인간의 정신적 교류의 불확실성과 고독감 등을 주제로 영화를 만들었다. 이탈리아 영화의 신경향을 대표하는 1인자로서, 1960년대 전반의 세계 영화를 이끌었다.

고, 오히려 일본에서 붙인 제목에 훨씬 가깝다. 영화가 진행될수록 주인공은 '리포터'라는 직업으로부터 자신의 삶(인생과 생명)을 서서히 일탈시켜 '방랑'이라고 할 만한 상황에 빠지게 된다. 다시 말해 주인공은 (자주적으로) 실직하여 모든 노동에서 자신을 해방시키고, 그렇게 펼쳐지는 비노동적인 '방황'이라는 상황 속에서 '자신의 인생을 살' 가능성, 즉 자신의 잠재력에 가치를 부여하는 가능성을 되찾아 간다.

〈욕망〉이라는 제목으로 알려진 안토니오니의 1966년 작품 〈블로우 업Blow-up〉에 대해서도 이와 비슷한 이야기를 할 수 있다. 주인공은 사진 찍는 일을 직업으로 삼고 있는데, 자신이 촬영한 한 장의 사진에 찍힌 어떤 사소한 것에 비직업적인 관심을 갖게 된다. 이것을 계기로 주인공은 그 사소한 것을 점점 크게 확대blow-up해 가는 불가역적인 운동과 함께, 사진가라는 직업과 일체의 노동으로부터 자신의 삶을 일탈시켜 간다. 주인공은 반복되는 '확대'의 과정 속에서 바로 '자신의 인생을 사는' 것에 대한 자신의 비노동적인 '욕망'을 분출해 가는 것이다.

"안 하고 싶습니다." 이것은 허먼 멜빌Herman Melville[4]의 단편 소

4
허먼 멜빌(1819~1891): 미국의 소설가. 포경선을 타고 남태평양을 항해했던 체험을 반영한 초기의 작품에 비해 후기작에 대한 평가는 좋지 않았다. 사후 《모비 딕》의 재발견으로 인해 인간에 대한 비극적 통찰을 한 상징주의 철학적 작가로 평가받고 있다.

설《필경사 바틀비Bartleby the scrivener》에 등장하는 바틀비가 직장 상사의 지시를 받을 때마다 되풀이하는 대답이다. 바틀비가 상습적으로 반복하는 이 말은 모리스 블랑쇼Maurice Blanchot[5]를 비롯하여 자크 데리다Jacques Derrida[6], 질 들뢰즈Gilles Deleuze[7]를 거쳐 조르조 아감벤Giorgio Agamben[8]에 이르기까지 많은 사상가의 관심을 받아 왔다. 그것을 철학적으로 읽어 온 역사 가운데 현재 가장 최첨단에 서 있는 아감벤은 선행하는 논의에 입각해 "안 하고 싶습니다"라는 표현을 '안 하는 것이 가능하다'고 새롭게 읽어 냈다. 그래서 그 어떤 '하다'로도 환원시킬 수 없는 순수한 '가능하다'라는 긍정을 끌어낸다. 그 어떤 '하다' 안에서도 현실화되지 않는 순수한 잠재력을 그 자체로 긍정하는 강한 의지를 발견한 것이다.

바틀비는 절대적인 비노동의 의지 때문에 해고당하고, 결국에는 '식사를 하는 것'에 대해서조차 "안 하고 싶습니다" 하며 버티다가 굶어 죽고 만다. 실업자는 이렇게 말할 것이다. "직장을 잃고, 살던 집에서도 쫓겨나 진짜 굶어 죽기 직전인 내게 그런 '문학'이 도대체 무슨 도움이 된단 말인가?" 그러나 뜻밖의 순간에 일체의 생물학적 생존 욕구를 뛰어넘는 놀랄 만한 하나의 감각이 그렇게 말하는 노

<hr>

5

모리스 블랑쇼(1907~2003): 프랑스의 소설가이자 평론가. 첫 소설《수수께끼의 사나이 토마스》와 같은 철저한 반사실주의적 소설로 주목받았다. 평론집《불꽃의 문학》과《문학공간》등으로 현대 비평의 특징인 '심부(深部)의 비평'의 대표적인 존재가 되었다.

6

자크 데리다(1930~2004): 프랑스의 철학자. 형이상학적 확실성이나 의미의 근원을 모색해 온 서양철학을 비판하면서, 어떤 확립된 철학 이론을 갖는 것을 피하고, 해체의 방법을 통해 서양철학의 기본 개념을 재검토했다.

7

질 들뢰즈(1925~1995): 프랑스의 철학자. 1960년대 서구 근대 이성의 재검토라는 사조 속에서 철학사에 대한 깊은 이해를 배경으로 경험론과 관념론의 기초 형태를 비판적으로 해명했다. '철학자 중의 철학자', '20세기 형이상학의 완성자' 등의 평가를 받는다.

동자의 온몸을 훑고 지나갈 수도 있다. "지금 이 순간, '문학'이 그 압도적인 창조력과 함께 모조리 내 몸으로 파고들어 온다면, 나야말로 인류의 미래, 인류의 희망, 그 자체가 아닐까?"라고.

8
조르조 아감벤(1942~): 이탈리아의 철학자이자 미학자. 하이데거와 벤야민에게 영향을 받았고, 미학과 정치를 넘나들었다. 로마시대의 특이한 죄수였던 '호모 사케르'를 미셸 푸코와 칼 슈미트를 토대로 현대 정치에 비추어 쓴 《호모 사케르》로 주목받았다.

탈출구 없는
평생 노동

　‘계약 만료’로 일을 그만둔 노동자는 진정 ‘일을 하고 있지 않는’ 것일까? 오늘날 직장에 다니지 않는다는 것은 ‘노동을 하지 않는’ 것을 의미할까? 직장을 잃는 것은 단지 ‘보수를 받는 노동’에서 ‘무보수의 노동’으로 이행하는 데 지나지 않는 것은 아닐까? 적어도 현재 참된 의미에서 ‘일하지 않는’ 것은 불가능한 것이 아닐까?

　알프레드 히치콕Alfred Hitchcock[1]이 1963년에 발표한 〈새The birds〉는 5년 뒤에 각국의 젊은이들이 일으켰던 ‘혁명’(혹은 ‘봉기’)뿐만 아니라, 거의 그것과 동시에 자본이 일으켰던 ‘반反혁명’도 선취하여 보여 주었다. 자신이 《히치콕과의 대화Le cinema selon Hitchcock》에서 설명한 대로 〈새〉는 유사 이래 새와 인간이 맺어 온 관계를 ‘역전’시켜 ‘새는 새장 바깥에, 인간은 새장 안에’라는 사건을 묘사하고 있다. 영화는 애완동물 가게가 나오는 장면으로 시작하는데, 그것은 새들이 새장 안에 갇혀 있는 최후의 역사적 순간이 ‘혁명 전야’임을 보여 주기 위한 것이었다. 첫머리에 나오는 장면을 마지막으로 ‘만국의 새들’은 ‘쇠사슬’을 풀고 새장 밖으로 탈출한다.

1968년 젊은이들의 '혁명'도 이와 같았다. 비록 안정된 생활이 어느 정도 보장되어 있어도 9시부터 5시까지 공장에서 단순 작업에 종사하는 삶을 정년퇴직 때까지 계속하는 것은 사양하겠다. 그렇게 말하고 학생이나 젊은 노동자들은 '공장'(혹은 정규직 노동)이라는 새장으로부터 탈출을 꾀했던 것이다. 오늘날의 비정규직이나 불안정 노동은 바로 이 '혁명'을 통해 젊은이들이 쟁취한 전리품에 다름 아니다.

그러나 새장에서 탈출한 새들을 기다리고 있었던 것은 한층 더 커다란 '새장'이었다. 히치콕이 시도한 바는 '만국의 새들'을 한 마리도 빠짐없이 하나의 동일한 쇼트 안에 가두는 것, 그리하여 오싹한 '히치콕의 새'를 생산하는 데 그들을 총동원하는 것이다. 그러기 위해 그는 광학과 음향의 양쪽에 '360도 전방위 프레임'이라고 부를 만한 장치를 개발했다. 예를 들어 티피 헤드런Tippi Hedren이 연기하는 멜라니는 새들의 습격을 받고 사방이 온통 유리로 된 전화박스 안으로 도망친다. 이 장면을 가리켜 단지 '새는 새장 바깥에, 인간은 새장 안에'라고만 해서는 부족하다. 그것은 전화박스의 유리를 마치 360도 전방위 스크린처럼 기능하게 하여 그 속에서

1
알프레드 히치콕(1899~1980): 영국 출생의 영화감독. 스릴러 영화를 장르로서 확립시킨 인물이다. 심리적 불안감을 교묘하게 유도하는 '히치콕 터치'라는 독자적인 연출법을 만들어 냈고, 〈현기증〉, 〈사이코〉 등의 순수 스릴러 영화를 제작했다.

'만국의 새들'을 한 마리도 남김없이 찍는 것이기도 하다. 음향 면에서도 똑같은 이야기를 할 수 있다. 예를 들어 등장인물이 집 안의 창문이나 문을 닫고 그 안에 틀어박혀 벌벌 떨면서 새들의 다음 습격을 기다리는 장면을 보자. 여기에서도 '새는 새장 바깥에, 인간은 새장 안에'가 문제시된다는 점은 말할 필요도 없지만, 동시에 이 집은 '만국의 새들'이 기분 나쁘게 웅성거리는 소리를 내는 360도 사운드 스피커로 기능하기도 한다.

1968년의 '혁명'에 대한 '반혁명'도 이와 마찬가지였다. 젊은이들은 '공장'이라는 새장에서 탈출했지만, 그 순간 세계 전체는 하나의 거대한 '공장'이 되기 시작했다. 그들은 한 사람도 예외 없이 '세계=공장' 안에 다시 갇히게 되었다. 공장이나 사무실 같은 특정한 공간에만 '노동'이 있는 것은 아니다. 세계 전체가 노동의 장, 자본제 생산의 장이 되어 버렸다. 9시부터 5시까지, 월요일부터 금요일까지, 학교를 졸업해서 정년으로 퇴직할 때까지, 이렇게 특정한 시간에만 '노동'이 존재하는 것이 아니라 살아 있는 시간 전부가 노동의 시간이 되어 버린 것이다. 이것이야말로 '세계화'의 첫 번째 의미일 것이다. 늦어도 1971년의 닉슨 쇼크[2]에서 본격화되었다고 할 수 있는 '반혁명'의 결과는 세계 전체, 생활 전체를 글로벌 프레임 안에 가두고 인간 사회 전체를 자본제 생산으로 총동원시켰다.

새들은 로드 테일러Rod Taylor가 연기하는 미치가 작품 안에서 이야기한 대로 "공격해 와서는 모습을 감추고 어느새인가 또 무리를 짓기 시작하는" 식으로 늘 액티브한 상태인 것은 아니다. 히치콕과 대담을 나눈 프랑수아 트뤼포François Truffaut[3]도 새들의 무리가 "커지기도 하고 작아지기도 한다"고 지적한다. 다만 무엇보다 중요한 것은 그러한 과정의 전부가 어디까지나 동일한 프레임 내부에서 일어난다는 점이다. 비록 어떤 시점에 새들의 일부가 보이지 않더라도 그것은 그들이 프레임 바깥으로 나가 버렸기 때문이 아니다. 글로벌 프레임에 '바깥' 따위는 남아 있지 않다. 눈에 보이지 않는 새들은 '프레임 바깥'에 있는 것이 아니라 단지 다른 새들에 비해 일시적으로 '더 어스레할' 뿐이다.

옛날의 '실업'은 '공장=새장'이라는 프레임에서 바깥으로 방출되는 것을 의미했다. 그러나 프레임(공장의 벽) 자체가 글로벌화하고, '프레임 바깥'이 완전히 상실된 오늘날에는 실업자도 취업자도 다 같이 동일한 360도 프레임 안에 계속 머물러 있을 뿐이다. 오늘

3
프랑수아 트뤼포(1932~1984): 프랑스의 영화감독. 누벨바그를 대표하는 한 사람으로서, 〈400번의 구타〉로 이름을 알렸다. 〈쥘과 짐〉에서 보여 준 새로운 연출 기법을 통해 프랑스 영화의 미래를 짊어질 재목으로 주목을 받았다.

날의 '실업'은 자본의 사정에 맞추어 일시적으로 '더 어스레해진' 것에 지나지 않는다. 한마디로 실업자라고는 해도 "만국의 새들이 '히치콕의 새'를 생성하는 것"에서 한 치도 이탈하지 못하는 것이다. 따라서 오늘날 취업자와 실업자라는 구별은 가능하지만 그것은 '일하고 있는가, 아닌가'의 문제는 될 수 없다. 단지 '임금을 받고 있는가, 아닌가'의 문제일 뿐이다.

〈새〉를 상영한 다음 해에 미술가 아카세가와 겐페이赤瀬川原平[4]는 〈우주 통조림宇宙の缶詰〉이라는 제목의 작품을 발표했다. 게 통조림에서 내용물을 꺼내고 라벨을 안쪽에 붙인 다음 다시 깡통을 밀봉해 놓은 작품이다. 아카세가와가 히치콕과 더불어 '혁명' 전야에 미리 보여 준 것은 바로 '혁명'의 역동성을 그대로 자신의 힘으로 전화시켜 '우주 통조림' 안에 가두는 자본의 놀라운 기량이다. 이런 의미에서 이탈리아의 사상가 파올로 비르노Paolo Virno[5]는 1960년대 말부터 1970년대 초에 걸쳐 시작된 '반혁명'이 글자 그대로 '역전된 혁명'이었다고 지적한다. 이 '반혁명'의 결과는 '혁명' 전의 상태를 복구하는 것도, '봉기'를 가능하게 한 사회적 기반을 해체하는 것도 아니다. 그것은 '혁명'에 의해 새롭게 창출된 사회 구조

4
아카세가와 겐페이(1937~): 일본의 전위미술가이자 오쓰지 가쓰히코라는 필명의 작가. 일본의 아방가르드 1세대. 천 엔짜리 지폐를 크게 확대해 전시하고, 다시 그것을 작게 복사해 관객에게 나눠 줬다가 위조 혐의로 유죄 판결을 받았다.

5
파올로 비르노(1952~): 이탈리아의 철학자. 안토니오 네그리 등과 함께 참가한 1970년대의 반체제적 혁명 운동 때문에 1979년부터 3년간 투옥당했다. 시나리오 작가, 저널리스트, 출판사의 편집자, 철학과 교수 등으로 활동했다.

를 그대로 자신에게 투자하는 것으로 '반전시키는' 데 있다.

비르노는 1968년의 '혁명'(이탈리아에서는 예외적으로 1970년대 후반까지 계속되었다)을 '실패한 혁명'이라고 주저 없이 단언한다. 그리고 게 통조림(혹은 '게공선')에서 탈출해 순수한 '반전'으로서 출현한 '우주 통조림'으로부터 '자본의 코뮤니즘'이 성립하는 것을 본다. 막다른 곳인가? 그럴지도 모른다. 그러나 막다른 상태 속에서 버, 버, 버벅거림으로써만 오늘날의 투쟁은 시작한다. 비르노는 우리에게 그렇게 호소하고 있다.

《도라에몽》의 진구와
비정규직

고이즈미 내각[1]의 신자유주의 개혁에 우리가 매료당한 이유는 정치가의 카리스마 때문만이 아니었다. 개혁 그 자체의 압도적인 역동성에 우리는 마음을 뺏긴 것이다. 거꾸로 말하면 아소 타로麻生太郎[2]가 사람들에게 인기가 없는 이유는 그에게 카리스마가 없기 때문만이 아니다. 아소에게는 무엇보다도 고이즈미 준이치로小泉純一郎의 이름과 함께 떠오르는 맹렬하게 몰아치는 힘의 일정한 강도가 없다.

니콜라스 레이Raymond Nicholas Kienzle[3]가 1956년에 감독한 작품 중에 〈삶보다 커다란Bigger than life〉이라는 제목이 있다(한국에서는 〈실물보다 큰〉이라는 제목으로 통한다—옮긴이). 제임스 메이슨James Mason이 연기한 주인공이 '삶보다 커다란' 정체를 알 수 없는 힘에 갇혀 파멸해 가는 모습을 그린 영화다. '삶보다 커다란' 힘은 주인공 개인의 삶보다 커다랗다는 의미만은 아니다. 그것은 어떤 인간의 삶보다도 커다랗고, 어떤 개인이나 집단으로도 환원할 수 없는 비인칭적이고 초인적인 힘이다.

고이즈미 개혁 아래 우리가 경험한 역동성도 그러한 '삶보다 커다란' 힘이었던 것은 아닐까? 그래서 우리가 그토록 매료당한 것은 아니었을까? 삶보다 커다란 그 힘의 원천을 고이즈미라는 개인에게서 찾을 수는 없다. 고이즈미 개인은 비인칭적인 힘을 사회의 한복판에 불어닥치게 한 <u>바람구멍</u>에 지나지 않았다. 그래도 고이즈미라는 사람이 그토록 압도적인 카리스마를 가질 수 있었던 것은 그가 바람구멍이라는 자격을 통해 비인칭적이고 초인적인 힘에 대한 특권적인 자리를 점하고 있었기 때문이다. 메피스토펠레스[4]와 전속 계약을 맺는 특권을 누렸던 파우스트처럼 말이다.

바람구멍으로서의 고이즈미……. 안토니오 네그리Antonio Negri[5]와 마이클 하트Michael Hardt[6]는 그들이 말하는 '제국'(신자유주의적인 세계화)을 미국에 의한 '제국주의'로 이해해야 한다고 강조한다. 그러면서 '제국' 안에서 미국의 특권적인 위치를 설명할 때 문제 삼는 것이 바로 이 바람구멍이다. '제국'이란 힘을 가리키며, 그 힘이 워싱턴이라는 바람구멍을 통해 지구 전체에 불어닥친다는 것이다.

우리는 같은 성격의 바람구멍을 또 하나 알고 있다. 바로 도라에몽과 그의 배에 뚫린 '4차원 주머니'다. 만화 《도라에몽》의 에피소

1
고이즈미 내각: 고이즈미 준이치로를 수상으로 삼아 2001년 4월에 출범한 자민당, 공명당, 보수당의 연립 정권. 일본 경제의 재생을 최대 과제로 설정하고 '성역 없는 구조 개혁'을 내세웠다. 이로써 일본은 신자유주의적 체제로 돌입했다.

2
아소 타로(1940~): 일본의 정치가. 내각총리대신, 경제기획청장관, 총무대신, 외무대신 등을 역임했고, 정치계에 입문하기 전에는 아소시멘트주식회사 사장 및 사단법인 일본청년회의소 회장을 지냈다.

3
니콜라스 레이(1911~1979): 미국의 영화감독. 예리한 시각적 감정과 유연한 화면 처리에 뛰어났다. 그의 주인공들은 주로 사랑과 열정적 삶을 갈구하는 반항아들이며, 그들의 독특한 성격은 끊임없는 긴장감과 카메라의 이동에서 잘 드러났다.

드는 어느 것이나 다 비슷하다. 우선 진구가 어떤 곤란에 처한다. 그러나 그는 자신의 인간적인 힘으로 그 문제를 해결하지 못한다. 그래서 메피스토적인 '삶보다 커다란' 힘과 특권적인 계약을 맺고 있는 바람구멍, 즉 도라에몽에게 도움을 청한다. 이어 고양이 몸의 중심에 구멍처럼 뚫려 있는 '4차원 주머니'를 통해 어떤 인간적 삶의 힘도 뛰어넘을 수 있는 비인칭적이고 초인적인 힘이 진구가 살고 있는 사회 속으로, 더욱 즉물적으로 말하면 진구 일행이 서식하는 종이 위에 한꺼번에 불어온다. 이는 이야기가 정체하여 완전히 폐쇄되어 버린 것처럼 보였던 종이 위에 글자 그대로 '구멍'이 뚫리는 물리적인 사태다. 그곳을 통해 폐쇄적인 상황을 타파할 압도적인 힘이 우르르 밀려들어 온다. 종이 위를 훑고 지나가는, '삶보다 커다란' 그 힘에 진구 일행, 그리고 독자인 우리도 매료당하고 심취한다. 가로되 《도라에몽》은 아이들에게 꿈과 희망을 주노라 운운하면서.

그러나 이야기는 여기에서 끝나지 않는다. 진구 일행은 그들을 매료시키는 힘에 의해 서서히 파멸적 상황으로 끌려들어 간다. 금융 위기, 고용 위기, 생존 위기 등의 온갖 '위기'가 진구 일행을 포

4 메피스토펠레스: 독일의 파우스트 전설에 등장하는 악마의 이름. 파우스트는 악마와 계약하고 환락에 빠지지만, 그의 영혼은 계약이 끝나는 순간 악마의 것이 된다. 파우스트 전설은 괴테의 희곡을 비롯해 다양한 작품의 소재로 쓰였다.

5 안토니오 네그리(1933~): 이탈리아의 철학자. 자율주의적 마르크스주의의 핵심적 이론가로 알려져 있다. 1983년 프랑스로 망명한 뒤 파리8대학과 국제철학대학에서 활동하면서 데리다, 푸코, 가타리, 들뢰즈 등과 교류했다.

6 마이클 하트(1960~): 미국의 문학이론가이자 정치철학자. 20세기 문학의 모더니즘과 리얼리즘에 관심을 가지고 있다. 이탈리아의 아우또노미아 사상을 미국에 소개하는 데 힘을 쏟고 있으며, 네그리와 번역 및 집필 등의 협력 작업을 지속하고 있다.

위한다. 바람구멍을 다시 틀어막지 않는 한, 그들은 메피스토적인 힘의 폭주를 멈출 수 없을 것이다. 마지막으로 고양이가 마치 자기에게는 아무런 책임이 없는 것처럼(실제로 그의 자격은 구멍에 불과하고 그에게는 아무런 책임이 없다) 득의양양하게 늘 똑같은 대사를 친다. "역시 자기 스스로 생각하지 않으면 소용이 없는 거야." 즉, '삶보다 커다란' 힘에 기대면 결국은 비참한 지경에 처하기 때문에 어디까지나 인간적인 힘을 되찾지 않으면 안 된다는 말이다. 인간주의자, 케인즈주의자[7] 도라에몽! 양심파 좌익의 만화 교과서 《도라에몽》!

그러나 다음 에피소드를 읽으려고 페이지를 넘길 때 우리는 어떤 광경을 보게 될까? 새로운 곤란에 직면한 진구는 바로 앞 페이지에서 가르쳐 준 교훈을 까맣게 잊은 채 또다시 도라에몽에게 도움을 청한다. 뉴딜 정책도 복지 국가도 펼쳐지고 있지 않다. 이것은 무엇을 의미할까? 진구는 '자신의 머리로 생각하라'는 교훈을 잊어버린 것이 아니다. 그러나 그는 4차원 주머니라는 바람구멍에서 불어오는 초인적인 힘의 위대함도 떨쳐 낼 수 없다. '삶보다 커다란' 힘의 압도적인 강도를 한 번이라도 경험한 적이 있는 사람에

[7] 케인즈주의자: 공공 부문과 민간 부문이 함께 기능하는 혼합 경제를 장려하는 케인즈 경제학의 지지자를 가리키는 말. 방임주의적 자유주의와 달리, 높은 실업률과 디플레이션에 대해 정부가 거시적인 규모에서 정책적으로 대처해야 한다고 주장한다.

게 인간의 유한성으로 규정된 단순한 '삶'의 힘으로 되돌아가는 일이 도대체 어떻게 가능하다는 것인가? 가능할 리 없다. '제국'의 역동성, 세계화의 역동성을 한 번이라도 경험한 사람에게 국가의 주권을 다시 강화하는 일, 즉 '자신의 머리로 생각하는' 국가를 회복시키는 일 따위는 이미 선택지에서 빠져 버린 지 오래다. 바람구멍인 도라에몽이 종이를 찢어발기고 있다는 현실이 진구에게는 미래로 향하기 위한 대전제인 것이다.

그러므로 진구가 나아가야 할 길은 선도 될 수 있고 악도 될 수 있다는 의미에서 양의적인, 이 '삶보다 커다란' 힘과의 절충(상대의 '찌르기'를 자기 안으로 '접어 넣는' 것)을 계속 시도하는 방향을 취할 것이다. 신자유주의 개혁에 의한 고용의 비정규화는 확실히 생활을 불안정하게 만들기도 했지만, 동시에 한층 노동에서 해방된 생활을 촉진했다는 것도 의심할 수 없는 사실이다. 《도라에몽》의 진구가 하나의 에피소드에서 다른 에피소드로 끊임없이 도전하는 것은 이러한 맥락에서 보면 생활의 불안정화라는 '악'을 노동에서 해방된 생활이라는 '선'으로 전화시키는 시도다. 이는 결코 고용의 정규화를 반동적으로 부르짖는 것은 아니다.

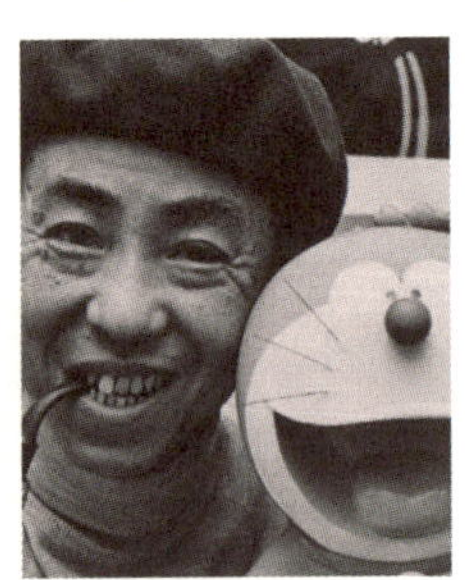

악이 선으로 바뀔 수 있는 사태가《도라에몽》에서 한 번이라도 일어나는 것을 본 일이 있는가? 이렇게 반박하는 사람도 있을 것이다. 그렇다. 하지만 그것은 오로지 후지코 F 후지오藤子 F 不二雄[8]의 특징, 즉 에밀 시오랑Emil Cioran[9]을 닮은 비관주의에서 유래하는 것일 뿐, 우리가 알고 있는 것은 결코 아니다. '전위'의 깃발을 우파에게서 빼앗아 올 의지가 정말 있다면, 좌파는 내가 지나온 길을 몇 번이라도 다시 걸어라! 진구가 자신의 순교를 통해 우리에게 일러주는 바는 이런 것이다. '불안정한precario 것은 아름답다'는 슬로건을 내건 1970년대 이탈리아의 학생들과 진구가 동시대인이었던 것은 우연이 아니다.

[8]
후지코 F 후지오(1933~1996): 일본의 만화가. 본명은 후지모토 히로시(藤本弘)다. 1951년에《천사 타마짱》으로 데뷔했고, 데즈카 오사무의 영향을 받았다. 대장편《도라에몽 VOL.17: 노비타의 태엽시티 모험기》를 그리는 도중 간부전증으로 별세했다.

[9]
에밀 시오랑(1911~1995): 루마니아 출신의 프랑스 비평가이자 수필가. 1937년 이후부터 프랑스에 거주하면서 현대 문명의 퇴폐를 비장한 문장으로 고발하여 '절망의 심미가(審美家)'라고 불렸다. 저서로는《절망의 정점에 대하여》,《해체의 서론》등이 있다.

개인의 공생을
위하여!

오즈 야스지로小津安二郎[1]의 〈안녕하세요おはよう〉는 제목 그대로 언어 활동의 문제, 특히 일상적이고 평범한 언어 활동의 문제를 제기한다. 나아가 그러한 언어 활동으로 인해 펼쳐지는 네트워크 공간을 문제 삼는다.

〈안녕하세요〉에서 언어 활동의 네트워크는 범용하고 '상투적'인 말이 무제한으로 오고 가는 것으로 그려지는데, 특히 두 가지가 부재不在하는 특징을 보인다. 그것은 중심의 부재, 그리고 외부의 부재다. 네트워크가 중심을 가지지 않는다는 것은 〈안녕하세요〉라는 영화에 히어로나 히로인, 이른바 '주인공'에 해당하는 특정한 등장인물이 없다는 뜻이기도 하다. 모든 등장인물을 똑같이 관통하는 언어 활동 네트워크 그 자체야말로 작품의 유일한 '주인공'인 것이다.

〈안녕하세요〉에서 주고받는 대사는 단 하나의 예외도 없이 상투적인 말뿐이다. 그것은 네 종류로 나뉘는데, 거기에 따라 등장인물들도 네 그룹으로 크게 나눌 수 있다. 첫째는 '안녕하세요', '날씨가 좋군요'와 같은 인사다. 이런 말은 특히 젊은이들 사이에서 오고 간다. 둘째는 욕이나 험담 등을 포함한 소문이다. 이것은 특히 주부들 사이에서 오고 간다. 셋째는 '텔레비전은 바보상자'와 같은 여론이다. 이는 특히 남편들 사이에서 오고 간다. 넷째는 남이 한 말을 앵무새처럼 따라하는 반복이다. 이것은 아이들 사이에서 오고 간다. 중요한 것은 이 네 종류의 상투적인 말 중 그 어느 것도 발화하는 인물의 주체적 의지(즉, 말하고 싶은 것)와는 완전히 독립적이고 자율적으로 존재한다는 점이다. 〈안녕하세요〉에서 가장 중요한 요소는 어디까지나 자율적으로 작동하는 언어 활동 네트워크다. 등장인물들은 그 속에 휘말려 있는 데 지나지 않는다(등장인물들이 먼저 존재하고 그들 사이에 네트워크가 구축되는 식의 순서가 아니다).

〈안녕하세요〉에서 이야기의 주축을 이루는 내용 중 하나는 언어 활동 네트워크의 절대적인 지배에 대항하는 하나의 '혁명'을 시도하는 것이다. 어린 형제는 텔레비전을 갖고 싶어 한다. 하지만 네트워크는 그들의 희망 사항에 부응하기는커녕 들은 척도 하지 않는다. 그래서 그들은 '입을 다무는' 파업을 통해 네트워크의 외부로 탈출하고, 거기에서 그들의 생각대로 네트워크를 지배하고자 한다. 그러나 그들의 혁명은 성공하지 못한다. 어린 형제의 꾀에 대응

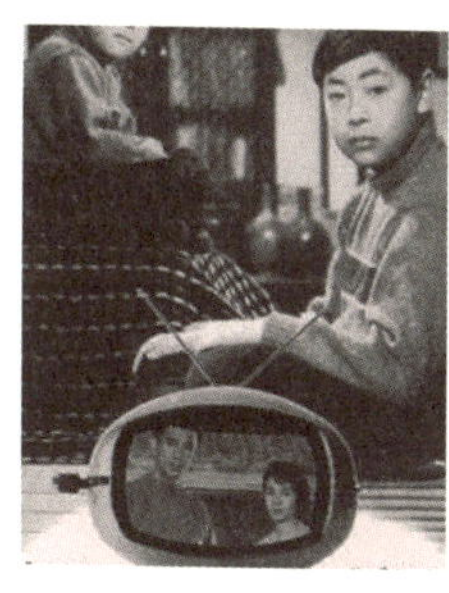

1
오즈 야스지로(1903~1963): 일본의 영화감독. 미조구치 겐지, 구로사와 아키라와 함께 일본 영화의 3대 거장으로 꼽힌다. 주로 서민의 인간관계와 의사소통, 가족의 유대감 등을 다루었고, 유럽에서도 높은 평가를 받았다.

하여 네트워크는 그 이상의 힘을 행사함으로써 그들의 탈출을 철저하게 저지하는 것이다. 언어 활동 네트워크의 폭력은 특히 두 장면에서 더욱 돋보인다. 하나는 '국어 수업', 또 하나는 글자 그대로 '경찰'이다. 두 형제는 각각 학교의 국어 수업에서 이야기할 것을 강요받는다. 또한 '네트워크 바깥'을 물리적으로 체현하는 '둑길 저쪽 편'에 게릴라 거점을 구축하자마자 경찰이 그곳을 지나가면서 형제는 곧장 '둑길 이쪽 편'으로 끌려온다.

언어 활동 네트워크를 보전하기 위한 폭력 장치라는 동일한 기능을 국가가 운영하는 국어 교육과 경찰의 양쪽에서 찾아볼 수 있다. '교육=경찰'이라는 테마는 물론 그것 자체로 흥미로울 수 있지만, 〈안녕하세요〉의 초점은 거기에 있지 않다. 국어 수업과 경찰의 장면은 네트워크가 글자 그대로 '글로벌한' 것이라는 사실, 나아가 그런 뜻에서 네트워크에는 어떠한 외부도 없다는 사실을 보여 준다. 더욱 엄밀하게 말하면 '네트워크의 바깥'이 되는 공간을 전제로 삼는 한, 거기에 저항하는 어떤 전략도 결코 유효할 수 없다는 사실을 지적하고 있다. 이런 의미에서 〈안녕하세요〉는 '헛된' 말들이 무제한으로 오고 가는 일이 되풀이되는 언어 활동 네트워크의 바깥으로 나와 '가끔은 중요한 것도 말하지 않으면 안 된다'는, 그야말로 '상투적' 그 자체라고 할 수 있는 흔한 교훈과는 대척점을 이루는 영화다. 거꾸로 말하면 이 작품은 어디까지나 글로벌 네트워크의 한복판에서 어떻게 자유를 획득할 수 있을까 하는 물음을 관객에게 던지고 있다.

〈안녕하세요〉에는 방귀를 둘러싼 개그가 산재해 있다. 그중에서 '가스 회사에 다니는' 초로의 남성이 둑길에서 아이들과 체조를 하면서 방귀를 뿡뿡 뀌는 에피소드가 있다. 이 장면에서 놀라운 것은 화면 안에서 남자의 움직임에 맞추어 '뿡뿡' 하는 소리가 화면 밖에서 연주되는 영화 음악 속으로 악기음의 하나로서 서서히 용해되어 간다는 점이다. 한편 '뿡뿡' 하는 소리는 화면 안의 남자가 내는 방귀 소리라는 역할을 그만두지 않는다. 어디까지나 방귀 자체는 계속되면서 동시에 영화 음악에서는 관악기의 소리도 되는 것이다. 한마디로 '뿡뿡'이라는 소리는 공중에 떠다니는 소리의 입자, 순수한 음향적 기호가 되어 각각 자율적으로 존재하는 두 가지 시간의 흐름, 앙리 베르그송Henri Bergson[2]의 표현을 빌리면 두 가지의 '지속' 가운데 동시에 살아 있는 것이 된다.

[2]
앙리 베르그송(1859~1941): 프랑스의 철학자. 프랑스 유심론의 전통을 계승하면서 진화론의 영향을 받아 생명의 창조적 진화를 주장했다. 이와 같은 그의 학설은 철학, 문학, 예술 등에 큰 영향을 주었다. 1927년에 노벨 문학상을 수상했다.

영화의 차원에서도 마찬가지 사태가 벌어진다. 오즈가 구사하는 특징적인 촬영 기법 중 하나로 동일한 프레임 안에 몇 가지 '프레임 안의 프레임'을—어느 것 하나로 특권화할 수 없는—똑같이 초점화하여 기입하는 기법이 있다. 화면 안의 문, 장지문, 창문이 확 개방되어 복도, 방, 실외, 나아가 이웃집 등 여러 개의 공간이 하나의 프레임 속에 찬합처럼 켜켜이 제시되는 것이다. 이런 기법은 피터르 더 호흐Pieter de Hooch[3]의 작품을 연상시킨다. '프레임 안의 프레임'이 다양하게 드러나는 쇼트에서는 하나의 '프레임 안의 프레임'이 각각 고유의 '지속'을 보여 준다. 또한 화면 안에 비춰지는 모든 것(예를 들면 형제의 혁명적 노력과 관계없이 갑자기 복도 구석에 나타난 텔레비전 상자)이 모든 '프레임 안의 프레임' 속에 수렴되어 복수의 '지속'이 동시에 존재하게 된다.

호흐, 베르그송과 더불어 오즈가 제안하는 자유의 전략은 여기에 있다. 될 수 있는 한 많은 지속을 동시에 살아가는 것, 그러기 위해 '뿅뿅' 소리처럼 가벼운 신체를 획득하는 것이다. 자크 랑시에르Jacques Rancière[4]가 '프롤레타리아의 밤'을 이야기할 때 문제로 삼은 것도 이것과 다르지 않았다. 노동을 그만두고 시작詩作에 전념하

3
피터르 더 호흐(1629~1684): 17
세기 네덜란드의 풍속화가. 요
하네스 베르메르와 함께 델프
트 화파를 대표한다. 주로 중산
층 가정의 실내와 정원 풍경을
평온하고 정갈하게 그렸고, 소
박하고 꾸밈없는 일상의 진정
성을 표현했다.

는 것이 아니라 노동하는 동시에 시를 쓰고 생각하는 것이다. '정치'란 여러 개의 지속을 동시에 살아가는 것, 그를 위해 가벼운 몸을 획득하는 것이며, 네트워크 또는 '생산 라인'으로부터 몸을 떼어 놓는 것인지도 모른다.

우리도
사랑할 수 있을까?

자크 타티Jacques Tati[1]의 〈플레이 타임Playtime〉(1967)은 이른바 '소외'의 문제를 주제로 삼은 영화다. 그러나 '우리와 세계 사이에는 항상 한 장의 유리 벽이 가로막고 있고, 우리는 세계를 그 유리 벽 너머로 바라볼 수밖에 없다'라거나 '우리는 우리를 세계로부터 소외시키는 저 증오스러운 유리 벽을 깨뜨리고 세계와 유기적인 연관성을 되찾지 않으면 안 된다'와 같이 호소하는 것은 아니다.

〈플레이 타임〉이 그려 내는 근미래의 파리는 발터 벤야민Walter Benjamin[2]의 에세이 〈파리, 19세기의 수도Paris, capital of the 19th century〉에서 그려 낸 것과 비슷하다. 이 글에서 벤야민은 파리를 '19세기의 수도'로 등극시킨 특징적인 건축물(아케이드, 파노라마관, 백화점, 만국박람회 등)이 주로 '철'과 '유리'를 건축 재료로 삼았다는 점을 강조한다. 벤야민에게 '철'이란 무엇보다도 '레일'을 놓는 재료이며, 어떤 식으로든 '조합'이 가능한 동시에 사람들을 포획하여 하나의 정해진 궤도 위에 올려놓는 것이다. 한편, '유리'는 '쇼윈도'를 만드는 재료다. 유리는 사람들을 세계로부터 격리시키는 동시에

투명한 표면 위에 세계를 비물질적인 '이미지'로 비추어 낸다. '철
=레일'을 따라 '유리=쇼윈도'를 배치함으로써 아케이드를 걸어 다
니는 사람들은 '철'이 이끄는 대로 탈선하는 일 없이 발걸음을 옮
기면서 '유리' 위에 '이미지'로 전개되는 세계를 오로지 바라본다.
요컨대 일반적으로 '20세기의 예술'이라고 불리는 '영화'의 탄생은
몽타주[3]로서의 '철'과 스크린으로서의 '유리'의 만남으로 이루어진
'19세기의 수도'에서 이미 예고된 것이다.

　〈플레이 타임〉에 나타난 근미래의 파리는 유리와 화살표로 되어
있다. 어느 곳에나 화살표가 그려져 있고, 그 화살표를 따라 유리판
이 배치되어 있다. 이것이 '타티빌Tativille[4]의 기본 구성이다. 주요
등장인물 중 하나인 젊은 미국인 여성 바바라는 단체 여행 팀을 따
라온 관광객으로, 다른 아주머니 여행자와 함께 승무원의 지시대
로 행동하며 전면이 유리로 된 관광버스의 차창 너머로 파리의 가
로수를 바라본다. '자유행동' 시간에도 그녀는 카메라를 한시도 손
에서 놓지 않기 때문에 파리는 어디까지나 파인더 너머의 '이미지'
일 따름이다. 또 한 명의 주요 등장인물은 타티가 직접 연기하는
윌로 씨다. 여행자는 아니지만 바바라와 마찬가지로 화살표를 따

1
자크 타티(1908~1982): 프랑스
의 배우 겸 영화감독. 감독과 주
연을 맡은 장편 희극 〈늘보 장
군의 탈선〉이 베니스 국제영화
제에서 수상하면서 세계적인
명성을 얻었다. 〈윌로 씨의 휴
가〉, 〈나의 아저씨〉 등을 통해 독
특한 희극적 경지를 개척했다.

2
발터 벤야민(1892~1940): 독일
의 철학자. 좌익 학생 운동과 시
오니즘 운동에 관계했으며, 형
이상학적 요소를 사적유물론과
결합시킨 사상가로 알려져 있
다. 보들레르, 프루스트에 심취
하여 그들의 작품을 번역하는
한편, 마르크스주의 연구에 몰
두했다.

3
몽타주: 프랑스어 'monter'(모
으다, 조합하다)에서 유래한 건
축 용어. 영화에서는 최종적인
편집 과정을 가리킨다. 영화의
전체적인 효과를 고려하여 작
품을 구축해 가는 과정으로, 기
계적인 편집 이상의 창조적인
예술 행위를 의미하기도 한다.

라 유리 벽을 늘어세워 놓은 '타티빌'에서는 세계를 바라보는 <u>관객</u>일 뿐이다. 요컨대 〈플레이 타임〉의 주요 등장인물은 둘 다 세계와 유기적인 연관성을 결여한, 다시 말해 세계로부터 소외된 '산책자Flâneur'[5]다. 세계에 능동적으로 개입하는 고전적인 <u>주인공</u>이 결코 아닌 것이다. 동시에 윌로 씨와 바바라의 관계 자체도 무제한으로 지속되는 한 장의 커다란 유리벽으로 나뉘어져 있다. '타티빌'은 소외와 엇갈림의 도시인 것이다.

사람들을 세계로부터 격리시키는 동시에 윌로 씨와 바바라도 격리시키는 거대한 유리 벽은 영화가 딱 중간 지점에 이르렀을 때 시간이 낮에서 밤으로 바뀌면서 갑자기 부서진다. 그리고 유리 평면과 평행 관계에 놓여 있던 화살표가 90도로 방향을 바꾸어 새롭게 유리 평면을 직각으로 가리킨다. 아울러 등장인물들은 유리를 산산이 깨뜨리며 하나의 동일한 세계 안으로 봇물 터지듯 밀려들어오기 시작한다. 마치 스크린을 찢어발기며 거기에 투사되고 있던 세계 안으로 영화의 관객들이 끌려들어 가는 것처럼……. 유리가 조각조각 깨지고 난 후 열린 공간(나이트클럽)에서 화살표들은 서로 몸을 밀착시키며 무리를 이룬 사람들의 열기로 인해 마치 망가

4
타티빌: 자크 타티가 〈플레이 타임〉을 제작하면서 파리 근교에 실제 크기로 만든 영화 세트이자 가상 도시.

5
산책자: 성급하고 목적론적 행위에 집착하는 대도시의 군중과는 달리, 목적 없이 그들 사이를 배회하는 인물을 지칭하는 용어. 발터 벤야민에 의해 자주 인용되면서 모더니즘 소설에 등장하는 전형적인 인물 유형의 하나로 취급된다.

진 나침반 바늘처럼 어지럽게 흔들리기 시작한다. 소란스러운 나이트클럽 안의 사람들은 마침내 관객 상태에서 빠져나오고, 월로 씨는 바바라와 만나 그녀에게 진한 연심마저 품게 된다. 사람들은 소외로부터 자신을 해방시켜 세계와 유기적 연결을 회복하고, 세계는 더 이상 쇼윈도 너머에서 교환가치를 번쩍거리는 것이 아니라 순수한 사용가치를 되찾는다.

그러나 〈플레이 타임〉은 거기에서 끝나지 않는다. 벤야민과 마찬가지로 타티를 단순한 휴머니즘과 준별해야 하는 이유가 여기에 있다. 밤의 소동이 끝나고 아침 해가 눈부시게 빛나면, 바바라는 또다시 카메라를 들고 파인더 너머로 파리를 포착하기 시작한다. 전면이 유리로 된 버스에 올라탄 그녀는 순수한 이미지로서 차창에 비치는 파리의 거리에 마음을 빼앗기고는 기쁜 듯이 미소를 짓는다. 동시에 월로 씨와 바바라의 사이도 또다시 유리 벽으로 가로막히지만, 그들은 그 상태를 전혀 애석해하는 것처럼 보이지 않는다. 월로 씨는 파리의 풍경을 그린 스카프와 방울꽃 은세공품(가로등과 똑같은 모양)을 슈퍼마켓에서 구입한 다음, 지나가는 남자에게 부탁하여 바바라에게 전달한다. 마치 유리벽으로 가로막힌 관계일지언정 거기에 어울리는 사랑의 형식은 따로 있다는 것을 말하기라도 하듯이.

타티는 세계와의 유기적인 연관을 부정하지는 않는다. 다만 오로지 거기에서만 행복을 발견할 수밖에 없다고 생각하지 않을 뿐이다. 세계에서 소외되어 타향살이를 하게 된 '산책자'에게도 그만의 고유한 행복이 있고, 그 행복은 그 자체로 긍정을 받아야 한다. 타티는 이렇게 생각하는 것이다.

벤야민에 따르면 샤를 푸리에Charles Fourier[6]는 '팔랑스테르Phalanstère'라고 이름 붙인 유토피아 공동체의 건축적인 모델을 19세기 파리의 아케이드 거리에 세워 두었다고 한다. 또한 1960년대 이탈리아의 반노동주의자들이 내건 슬로건에도 다음과 같은 것이 있었다.

노동자는 소외 때문에 괴로워하지 않는다. 소외는 적극적인 외재성, 즉 '거부'로 바뀔 수 있기 때문에.

다시 말해 소외란 결코 부정적인 계기에 머무르는 것이 아니다.

[6]
샤를 푸리에(1772~1837): 프랑스의 공상적 사회주의자. 부유한 상인의 아들로 태어나 사회 개혁 운동에 투신했으며, 생시몽, 오웬과 함께 3대 공상적 사회주의자의 한 사람으로 꼽힌다. 부르주아 사회의 도덕적 결함을 예리하게 비판하고 미래의 이상 사회를 그렸다.

그렇기는커녕 노동에 대항하여 '플레이 타임' 즉 '놀이의 시간'을 계속하기 위한 적극적인 가능성일 수도 있다. '유리'에는 노동 해방을 가져다주는 힘이 잠재해 있기도 하다. '철'에는 사람들 사이의 새로운 조합, 새로운 접속을 낳는 힘이 잠재해 있기도 하다. 새로운 현실을 결코 부정하지 않는 것, 거기에서 긍정적인 힘의 맹아를 읽어 내는 것, 여기에서만 '사유'라는 이름에 어울리는 행동이 시작된다. 사유는 어떤 반동적인 몸짓하고도 관계가 없다.

06

생각에 신선한 바람을
불어넣자

2008년에 세상을 떠난 가토 슈이치加藤周一[1]는 평생 동안 무수한 글을 발표했지만, 그중에서도 특히 널리 알려진 것으로 〈언어와 전차言葉と戰車〉가 있다. 1968년에 발표한 이 글은 같은 해 8월에 체코슬로바키아의 이른바 '프라하의 봄'을 억누르기 위해 소련군의 주도로 바르샤바 조약기구군이 군사적으로 개입했을 때, 당시 프라하 거리의 모습을 실시간으로 전해 준 르포르타주라고 할 수 있다. 비평적인 고찰을 자유자재로 엮어 내면서도 사태의 긴박감을 실감나게 묘사한 이 글은 '비평적 저널리즘'이라고 할 만한데, 가히 가토가 아니고서는 감히 흉내 낼 수 없는 필치가 돋보인다.

이 글은 일반적으로 다음과 같은 점을 누구보다 먼저 명료하게 지적했다는 면에서 높은 평가를 받는다. 즉 서쪽 나라들이 기존의 가치 체계, 사회 질서에 대해 이의를 제기하고 있는 사태가 동쪽 나라에서도 똑같이 벌어지고 있다는 점, 그런 뜻에서 이의를 제기한 '1968년'에는 동서의 구별이 없다고 한 것이다. 따라서 제목으로 내건 '언어와 전차'라는 표현은 무엇보다도 기존의 가치 체계를 지키려는 '전차'와 거기에 이의를 주장하는 '언어' 사이의 적대성을 시사하고 있다. 그렇게 보면 이러한 적대성은 가토 자신의 표현을 빌려 말하자면, "권력에 의해 보장된 사회 질서 대對 개인의 이상주의적 자발성"의 적대성이라고 할 수 있을 것이다. 한마디로 어느 쪽이 올바르고 어느 쪽이 승리해야 하는가가 처음부터 자명해 보이는 적대성('전차'는 당연히 악이며, 종국에는 뭐라고 해도 '언어'가 승리하지 않으면 안 된다), 또는 처음부터 '올바른 답'을 알 수 있는 대립…… 그것이 '언어와 전차'가 함의하는 바인 것이다.

글 속에는 다음과 같은 서술이 포함되어 있다. "궁극의 목표는 (…) 언어가 전차를 완전히 극복한 유토피아일 것이다." 그러나 이 글에서 가장 인상 깊은 다음의 구절을 읽는다면, 누구나 '언어와 전차'라는 표현 안에는 한층 더 심오한 무언가가 있음을, 다시 말해 '올바른 답'을 채워 넣는다고 끝나는 것이 아니라 다른 차원의 무언가가 있음을 발견할 수밖에 없을 것이다.

1968년 여름, 가랑비에 젖은 프라하의 거리에서 서로 대치하고 있었던 것은 압도적이고 무력한 전차와 무력하고 압도

1
가토 슈이치(1919~2008): 일본의 평론가이자 의학박사. 제2차 세계대전 당시 도쿄대학 의학부 재학 중에 문학에 심취했다. 일본 문화와 중국 고전에 집중했으며, 내국인과 외국인의 두 관점에서 일본을 분석한 것으로 평판을 얻었다.

적인 언어였다. 그 자리에서 승부가 가려질 리 없었다.

여기에는 자유를 위해 지배자를 비판하는 피지배자의 '언어'와 그것을 탄압하기 위해 지배자가 들이미는 '전차' 사이의 대립 (그리고 '전차'와 대치하고 있는 '언어'의 정의正義) 이상의 무언가가 있다. 그 이상이란 무엇인가? 그것은 한마디로 말해, 결코 대답할 수 없는 '절대적인 물음' 앞에 여지없이 내몰렸던 경험, 또는 그러한 '대답할 수 없는 물음'과 직면함으로써 우리의 사유가 그 한계까지 내몰리게 되는 극한적인 경험이 아닐까? 가토 또는 가토의 글은 결코 대답할 수 없는 절대적인 물음을 언어와 사물의 몽타주로서, 다시 말해 '언어를 가지지 않은 사물'과 '사물을 가지지 않은 언어'를 서로 결합시켜 독자 앞에 들이민 것이다. '언어와 전차'라는 표현이 한층 더 심오하게 우리를 추궁하는 것은 어떠한 언어의 힘도 지원하고 있지 않기 때문에 '압도적이고 무력한 전차'와 어떠한 사물의 힘도 지원하지 않고 있기 때문에 '무력하고 압도적인 언어' 사이의 메울 수 없는 간격이다. 이 간격으로 인해 사유할 수 없는 것에 직면하여 자신의 사유적 한계를 경험하는 것이다.

그러므로 가토는 '전차'를 앞에 둔 '언어'의 절대적인 정의를 주장하기 때문에 위대한 것이 아니다. 그렇다기보다는 아마도 일본의 지식인으로서는 처음으로 사유할 수 없는 것, 대답할 수 없는 물음, 또는 '사유의 바깥'을 문제로 삼을 수 있었기 때문에 위대한 것이다. 나아가 까딱하면 '형이상학적'인 것이 되어 버리기 쉬운 문제를 '가랑비에 젖은 프라하 거리'라는 '형이하학적'인 무대 위에서 훌륭하게 드라마화해서 보여 줄 수 있었기 때문에 위대하다고 할 수 있다.

이렇게 보면 가토는 동시대의 유럽 지식인 가운데 누구와 닮았을까? 그의 예술론에는 앙드레 말로André Malraux[2]의 그림자가 드리워져 있고, 그의 정치적 발언에는 장 폴 사르트르Jean Paul Sartre[3]의 그림자가 따라다닌다. 가토는 그의 이름을 언급한 적이 거의 없지만, 실제로 가토라는 인물과 그 그림자가 꼭 맞아떨어지는 동시대인을 꼽으라면 다름 아닌 미셸 푸코Michel Foucault[4]가 될 것이다. 물론 푸코가 가토와 막상막하로 박학다식하기 때문에 그런 것은 아니다. 모리스 블랑쇼로부터 '바깥의 사유'라는 개념을 끌어오고, 가토의 대표작인 《일본문학사 서설日本文学史序説》과도 몇 가지 점에서

[2] 앙드레 말로(1901~1976): 프랑스의 소설가이자 정치가. 인도와 중국을 다니면서 쓴 《서구의 유혹》에서 그의 니힐리즘을 엿볼 수 있다. 《인간의 조건》을 통해 주요 소설가이자 정치적 지도력을 가진 지식인으로서의 명성을 굳혔다.

[3] 장 폴 사르트르(1905~1980): 프랑스의 철학자이자 작가. 실존주의 철학의 거장이자 프랑스가 사랑한 작가로서 철학, 문학, 정치, 연극, 언론 등 지식인이 참여할 수 있는 거의 모든 영역에 발자취를 남긴 20세기 최고의 지성이라고 불린다.

[4] 미셸 푸코(1926~1984): 프랑스의 철학자. 정신의학에 흥미를 가지고 연구했으며, 서양 문명의 핵심인 합리적 이성에 대한 독단적 논리성을 비판하고, 소외된 비이성적 사고와 광기(狂氣)의 진정한 의미와 역사적 관계를 파헤쳤다.

묘하게 공명하는 《말과 사물Les mots et les choses》을 저술한 사람……
바로 푸코야말로 말로나 사르트르보다 훨씬 가토를 닮았다. 다
시 말해 1966년에 발표한 푸코의 저작에 붙인 제목《말과 사물》과
1968년에 집필한 가토의 르포르타주 제목 〈언어와 전차〉가 비슷하
다는 사실은 조금도 우연이 아니다. 오늘날 가토를 계승하는 데 필
요한 것은 아마도 가토를 사르트르에서 떼어 내어 푸코와 접속시키
는 것, 가토의 작업 곁에 푸코의 작업을 나란히 놓는 것이 아닐까?

나는 소외가 철저하면 철저할수록 좋다고 생각한다.[5]

1960년대 가토가 '소외' 속에서 '다른 세상another world'의 창조 가
능성을 찾아냈던 것은 충분히 알려져 있지 않다. 그는 어떠한 수사
적 표현도 없이 우직하게 그렇게 썼다. 그가 보기에 '소외'란 이를
테면 언어와 사물 사이에 생겨나는 '대답할 수 없는 물음'을 껴안
고 살아가는 것이었다. 가토는 푸코와 마찬가지로 이야기하고 들
려주는 언어와 보여 주는 사물, 즉 오디오와 비주얼의 참신한 활
용 전술을 은밀히 제안했던 것이다. 영화에 대해서는 그다지 많

5
〈예술가와 사회芸術家と社会〉(1965).
《가토 슈이치 셀렉션 (4) 예술의
개성과 사회의 개성加藤周一セレク
ション (4) 芸術の個性と社会の個性》
(2000)에 재수록.

은 글을 남기지 않았지만, 일평생 동시대의 예술을 자신의 피와 살로 번역해 왔던 만큼, 가토의 사상이 영화감독인 마르그리트 뒤라스Marguerite Duras[6]가 쓴 다음과 같은 표현과 놀랄 만큼 근접해 있다는 사실은 결코 우연이 아닐 것이다. "〈갠지스의 여자La femme du Gange〉는 두 편의 영화로 이루어져 있다. 한 편은 영상의 영화이며, 또 한 편은 '목소리'의 영화다." 뒤라스는 그녀 자신의 인생에 대해서도 '어설픈 더빙 영화'라고 썼다. 맞지 않는 짝짝이 영상과 음성, 그것이 그녀의 영화였고, 그러한 어긋남을 '물음'으로 삼고 살아가는 것이 그녀의 인생이었다. 가토의 〈언어와 전차〉가 '두 편의 영화'라는 것은 두말할 필요도 없다.

07

도박 같은 삶
포기하고 튀어라

질 들뢰즈, 앙리 베르그송, 니시다 기타로西田幾多郎[1] 등의 연구로 잘 알려진 히가키 다쓰야檜垣立哉[2]는 경마 팬으로서 자기 고백이라고도 할 저작《도박/우연의 철학賭博/偶然の哲学》을 저술했다. 이 책에서 그는 '도박적 주체'의 모습을 한 인간을 묘사하고 있다.

자연과 관계를 맺을 때 인간 자신은 '철저하게 수동적'이다. 우리는 자연에 몸을 맡기는 것 말고는 살아갈 방법을 알지 못한다. 그럼에도 인간이 능동적일 수 있다면 그것은 '내기를 거는 일' 또는 '믿는 일'을 할 때일 것이다. 히가키 가로되, "우리가 움직이는 방법을 배울 때 모델로 삼을 것은 직접 해보는 수밖에 없다." 세계를 믿고, 거기에 기입되어 있는 스스로의 신체를 믿고, 실로 주사위를 던지는 것처럼 무조건 '해보는' 것에 의해서만 우리 자신은 능동적일 수 있다는 말이다. 우리가 자연적 세계에 개입할 수 있는 것은 오로지 '내기' 또는 '믿음'이란 형태를 취할 때뿐이라는 것, 히가키 다쓰야는 이를 '도박적 주체'라고 부르고 '내기 그 자체가 삶인 듯한 내기'(내기=삶)로 독자에게 손짓한다.

삶이란 내기 또는 믿는 것이다. 에릭 로메르Eric Rohmer[3] 감독의 〈녹색 광선Le rayon vert〉(1986)이 그려 내고 있는 것도 바로 이 주제다. 여름 방학이 코앞으로 다가온 7월 3일 점심 무렵, 여주인공 델핀느는 친구 마누엘라와 만나기 위해 약속 장소인 기메 미술관으로 간다. 델핀느는 당황한다. 함께 바캉스를 떠나기로 한 다른 친구가 갑자기 약속을 취소했기 때문이다. 마누엘라는 애인이 없는 델핀느에게 혼자서라도 바캉스를 떠나 그곳에서 '모험'을 즐기라고 권한다. 마누엘라는 옆에 서 있는 고대 조각상을 가리키면서 델핀느가 찾아야 할 이상적인 남성상을 보여 준다. "이걸 봐. 좀 더럽긴 하지만 이만하면 훌륭하잖아!"

여름 방학이 시작되자 실제로 델핀느는 여기저기로 바캉스를 즐기러 떠나는데, 그때마다 실망해서 파리로 돌아온다. 여행을 갔던 곳마다 여러 남자의 관심도 받고 데이트도 하지만 그 어떤 남자도 "이만하면 훌륭하잖아!" 하는 생각을 들게 하지 않았다. 그녀가 바캉스를 떠난 곳에서 만난 모든 남자는 '더럽게'만 느껴졌다.

남자들이 '더럽다'는 것은 반드시 '육체관계만 노리고 유혹하는 경박한 놈들'이었다는 것을 의미하지 않는다. 더러움은 오히려 스

1
니시다 기타로(1870~1945): 일본의 철학자. 교토대학 철학교수를 역임했으며 '교토학파'를 이루었다. 대표작인 《선(善)의 연구》는 당시 자아 확립으로 고민하던 일본의 청년들에게 영향을 주었다.

2
히가키 다쓰야(1964~): 일본의 철학자. 프랑스와 독일철학을 연구하고 있으며 자아론, 생명론, 언어론 등 현대 사회의 철학적 과제를 탐색하고 있다.

테레오 타입, 평범함, 클리셰와 같은 것이다. 이런 의미에서 델핀느는 자기 자신에 대해서조차 '더럽다'고 느끼지 않을 수 없었다. 예를 들어 맨 처음 놀러 간 셸부르에서 사람들에게 자신의 채식주의 경향을 설명해야 했던 그녀는 자신의 입에서 쉴 새 없이 흘러나오는 설명이 상투적인 말의 반복에 지나지 않는다는 점을 참을 수 없었다. 결국 그녀에게는 남성뿐만 아니라 그녀 자신까지도 포함한 세계 전체가 '더럽기만' 한 것, 즉 하나의 거대한 '상투형 사전', 클리셰의 박물관으로 나타나는 것이다.

클리셰가 흘러넘치는 이 세계에 '바깥'은 손톱만큼도 없다. 실의에 빠져 마지막 여행지인 비아리츠를 막 떠나려고 하는 그때, 델핀느는 자크라는 남성과 만나 마침내 웃음을 되찾는다. 이 마지막 장면에서도 세계가 클리셰의 총체에 다름 아니라는 사실은 조금도 변하지 않는다. 자크도 다른 모든 남자와 똑같이 '더러운' 존재일 뿐 '백마를 탄 왕자'는 결코 아니다. 그렇지만 자크와 만남으로써 델핀느는 잃어버린 미소를 되찾는다. 어째서인가? 간결하게 말하자면 그녀는 그 순간 "이만하면 훌륭하잖아!" 하고 덧붙여 말할 수 있는 요령을 몸에 익혔기 때문이다. 다시 말해 지옥처럼 가혹한 여

3
에릭 로메르(1920~2010): 프랑스의 영화감독. 영화평론지 《카이에 뒤 시네마》에서 장뤼크 고다르 등의 누벨바그 감독들과 논객으로 활동했다. 〈도둑일기〉, 〈모드의 집에서 하룻밤〉, 〈몽소 빵집의 소녀〉 등의 작품을 남겼고, TV 단막극과 연극의 연출에도 참여했다.

름 방학의 경험을 통해 세계의 더러움을 그 자체로 받아들이는 것
('체념')을 배웠기 때문이고, 나아가 세계의 잠재력을 믿고 거기에
자신을 거는 것('도약')을 배웠기 때문이다(자크와 만나게 된 계기가
델핀느의 손에 들려 있던 도스토예프스키의《백치》인 것은 우연이 아니다.
주지하는 바와 같이《백치》는 실로 스테레오 타입의 사람들이 모여 있는 휴
양지에서 내기를 거는 문제 또는 믿음의 문제를 그리고 있기 때문이다).

그러므로 마지막 장면에서 델핀느와 함께 관객의 시선에 들어오
는 '녹색 광선'도 클리셰로 쫙 깔린 세계의 표면을 찢어발기고, 거
기에서 새어 나오는 리얼한 섬광 같은 것이 결코 아니다. 광학 처
리에 의해 화면에 새겨지는 지극히 인공적인 저 광선은 애초부터
스스로의 더러움을 숨기려고 하지 않는다. 여기에서 문제는 현세
적인 차원에서 '더러운' 것으로 현상할 수밖에 없는 세계(디스토피
아)를 눈앞에 두고 그럼에도 "이만하면 훌륭하잖아!" 하고 긍정할
수 있을 정도의 힘, 즉 세계의 잠재력을 믿고 거기에 자신을 걸 만
큼의 힘을 획득하는 일이다.

내기를 걸어야 이긴다. 이것이야말로 〈녹색 광선〉이 들려주는 궁
극적인 교훈이 아닐까? 그런데 이 작품에는 '내기를 걸지 않으면

이기는 일도 없다'고 하는 것만으로는 불충분한 과잉의 무엇인가가 들어 있다. 즉, 삶을 내기처럼 살아가는 한, 패배는 절대 알 수 없다는 것, 이것이야말로 도박적 주체의 진리가 아닐까?

로메르는 〈모드의 집에서 하룻밤Ma nuit chez maud〉과 〈겨울 이야기Conte d'hiver〉에서 파스칼의 '내기의 필연성' 이론을 인용하고 있다. 끝으로 1969년에 공개한 〈모드의 집에서 하룻밤〉에 나오는 다음의 대화를 인용해 둔다.

엔지니어: 당신은 지금도 마르크스주의자인가?

철학 교사: 공산주의자에게 파스칼의 저 텍스트만큼 지금 중요한 것은 없다. 역사에 의미가 있을까? 솔직히 말해 상당히 의심스럽다. 그렇지만 나는 역사에 의미가 있다는 데 걸겠다. (…) 가설 A에서는 사회생활이나 정치 행동에 일체의 의미가 없다고 하고, 가설 B에서는 역사에 의미가 있다고 한다. 그러면 B가 A보다 참일 가능성이 높을까? 나로서는 도저히 알 수 없는 일이다. 솔직히 가능성이 낮다는 생각조차 든다. (…) 그렇지만 나는 B에 걸 수밖에 없다. 그것만이 살아

가는 일을 가능하게 해주기 때문이다.

엔지니어: 이른바 '과학적 희망'이라는 것이군. (…) 당신이 말하는 가설 B의 경우, 어쩌면 개연성은 낮을지도 모르지만 이길 수 있는 가능성은 무한대겠지. 왜냐하면 당신에게는 살아갈 의미인 것이고, 파스칼에게는 영원한 구제이기 때문에.

철학 교사: 고리키인지 레닌인지 마야코프스키인지 잊어버렸지만, 러시아 혁명에 대해 이렇게 말하고 있더군. 천 분의 일이라도 선택하지 않으면 안 되는 상황이었다. 왜냐하면 이 선택으로 가질 수 있는 희망은 선택하지 않았을 경우에 비해 무한대만큼 컸기 때문에.

08

원 플러스 원

　장뤼크 고다르와 안느마리 미에빌Anne-Marie Miéville[1]이 공동으로 감독한 〈여기와 저기Ici et ailleurs〉(1976)에는 주로 두 가지 핵심이 있다. 하나는 '영상끼리 관계를 맺는 것'이고, 또 하나는 '영상을 돌려주는 것'이다.

　〈여기와 저기〉의 내용은 제목이 드러내는 그대로라고 할 수 있다. '여기(프랑스)'의 영상과 '저기(중동)'의 영상이 접속사 '와'를 매개로 거칠게 결부되어 있는 작품이다. 실제로 작품에서는 몇 번이나 '와'를 의미하는 프랑스어 'et'가 나온다. 프랑스에서 촬영한 영상에서는 실업자가 된 남자와 그의 가족, 특히 그들이 집에서 텔레비전을 보는 모습을 보여 준다. 이에 비해 중동에서 촬영한 영상에서는 이스라엘에 저항하는 팔레스타인 게릴라 조직인 페다인fedayin의 활동, 팔레스타인 난민 캠프에서 교육을 시키는 팔레스타인 해방 기구(PLO)의 최대 조직 파타하Fatah의 여성 민병, 군사 훈련을 받는 아이들을 보여 준다. '와'에 의해 반쯤 강제로 관계를 맺은 '여기'와 '저기'의 양쪽에는 반복되는 동일한 요소가 있다. 즉 양쪽 다

남자가 있고, 여자가 있고, 그들의 아이들이 있다. 또한 '여기'에는 실업자인 남자가 벌이는 자본에 대한 투쟁(특히 회사를 상대로 노동자 자신이 행하는 기업의 자주 관리 투쟁)이 있고, '저기'에는 페다인이 수행하는 팔레스타인 해방 투쟁이 있다.

그러나 '여기'와 '저기' 사이에는 프랑스와 중동이라는 지리적인 거리 말고도 1975년과 1970년이라는 시간적 거리도 있다. 1968년에 고다르는 장피에르 고랭Jean-Pierre Gorin[2]과 함께 모택동주의자 영화 제작 그룹인 '지가 베르토프Dziga Vertov 집단'[3]을 결성한다. 그리고 그다음 해 그들은 아랍 연맹으로부터 자금을 제공받아 '팔레스타인 해방 운동의 사상과 활동에 대한 방법론'을 둘러싼 작품 〈승리할 때까지〉의 제작에 착수하게 된다. 이 작품은 파타하의 협력에 힘입어 1970년 2월부터 8월까지 요르단, 레바논, 시리아에서 촬영을 진행한다. 그런데 9월에 일어난 이른바 '검은 9월Black September'[4]에 PLO의 다른 전사들과 함께 출연자로서 촬영에 참여한 파타하의 전사들이 학살을 당한다. 이 사건을 계기로 작품의 제작 자체가 중단되어 버린다. 〈여기와 저기〉에서 '저기'의 영상은 전부 〈승리할 때까지〉를 위해 찍어 놓은 것을 활용한 것이다.

1970년 7월 고다르는 파타하의 의뢰를 받고 해외용으로 출간한 기관지《엘 파타하》에 무제無題의 장문을 기고한다. 그 글에서 그는 '영상 관계'라는 사고방식이 PLO의 첩보 책임자 알리 핫산 살라메 Ali Hassan Salameh[5]에게서 배운 것임을 다음과 같이 표명하고 있다.

이를테면 그는 다음과 같이 말한다. "인민의 군대란 높은 기술 수준을 자랑하는 레이더로 구성되어 있지 않다. 쌍안경과 무전기를 손에 든 만 명의 아이들로 이루어져 있다." 이것이 야말로 혁명적인 영상이다. 그는 또 다음과 같이 말한다. "알 아시파(파타하의 군대)의 첫 총탄 소리는 농민들의 귓전에 울려 퍼져 그들에게 대지 해방의 소리를 들려주지 않으면 안 된다." 이것이야말로 혁명적인 음성이다. 이리하여 하나 의 영상과 하나의 음성을 정치적으로 관련지을 수 있는 논 의가 가능해진다.

더욱 정확하게 말하면 다음과 같을 것이다. '쌍안경과 무전기를 손에 든 만 명의 아이들'의 영상은 그 자체로는 '단순한 영상'에 지

2
장피에르 고랭(1943~): 프랑스의 영화감독. 68혁명 이후 정치적으로 급진적이 된 고다르와 함께 일한 것으로 유명하다. 알튀세르, 푸코, 라캉의 제자이며, 1970년대에 프랑스를 떠나 캘리포니아대학교에서 영화사와 비평을 가르쳤다.

3
지가 베르토프 집단: 1968년부터 1972년까지 활동했던 프랑스의 영화가 집단. 러시아의 영화감독이자 다큐멘터리 영화를 개척한 감독으로 평가받으며 혁명적 예술로서 영화의 가능성을 드러낸 지가 베르토프(1896~1954)에서 이름을 땄다.

나지 않는다. 다만 이 영상이 '농민들의 귓전에 울려 퍼지는 알 아시파의 맨 처음 총성'인 '단순한 음성'과 '와'로 접속할 때 비로소 이들의 영상과 음성은 '혁명적'인 것이 된다.

지가 베르토프 집단은 고랭의 유명한 경구인 "이것은 올바른 영상이 아니다. 그저 영상일 뿐"이라는 말로 출발한 그룹이었다. 어떤 영상이라도 그것 하나하나는 '그저 영상일 뿐'이다. 영상에 어떤 가치가 있는 것은 그것이 다른 영상과 관계를 맺어 '영상 관계'를 이룰 때뿐이다.《엘 파타하》에 게재한 글에는 다음과 같은 구절이 있다.

> 영상을 각각 하나로 파악하도록 우리에게 주입시킨 것은 제국주의다. 하나의 영상이 개체로서 리얼하다고 세뇌시킨 것이다. 그러나 실제로 하나의 영상은 보통의 양식이 제시하는 바와 같이 상상적인 것일 수밖에 없다. 영상이란 실로 이미지, 반영에 지나지 않기 때문이다. 거울 속에 비치는 네 모습과 같은 것이다. 리얼한 것은 첫째, 너 자신이고 둘째, 너와 상상적인 반영 사이의 관계다. 나아가 리얼한 것은 너 자신

<hr>

4
검은 9월: 1970년 9월 요르단 내 팔레스타인인의 축출을 위한 요르단 정부군의 토벌 작전으로 아랍계 게릴라가 큰 타격을 받은 요르단 내란의 시기.

5
알리 핫산 살라메(1940~1979): 팔레스타인 극좌파 조직인 검은 9월단의 리더이자, 1972년 뮌헨 올림픽 선수단 학살 사건의 주모자. 1979년 1월에 이스라엘 비밀 정보기관인 모사드의 폭탄 테러로 암살되었다.

의 다양하고 상이한 복수의 반영 사이에서, 다시 말해 다양하고 상이한 각도에서 너를 찍은 복수의 사진 사이에서 네가 만들어 낸 관계다. (…) 실로 제국주의는 온 세계의 영상 하나하나가 리얼하다고 우리를 믿게 만듦으로써 우리가 해야 할 것을 할 수 없게 방해하려고 기도하고 있다. 한마디로 영상 사이에 리얼한 (정치적인) 관계를 만들어 내려는 것이다.

고다르와 고랭에게 '제국주의'가 주입시키려고 하는 '스펙타클의 사회'란 하나하나의 영상과 음성이 각각 리얼한 것이라고 여겨지는 사회다.

'영상끼리 관계를 맺는다'는 핵심은 미완으로 끝난 〈승리할 때까지〉에서 이미 문제로 삼았던 것이다. 여기에 비해 '영상을 돌려준다'는 핵심은 〈여기와 저기〉를 제작하는 중에 처음으로 부상했다. 이 점을 명확하게 지적한 사람은 세르주 다네Serge Daney[6]다. 그는 〈고다르의 교육학〉이라는 글에서 영화 또는 영화관이 '하나의 범죄'와 '하나의 마법'으로 이루어진 '이중의 나쁜 곳'이라고 논한다.

6
세르주 다네(1944~1992): 프랑스의 영화평론가. 뛰어난 비평적 통찰력으로 앙드레 바쟁 이후 프랑스 최고의 영화평론가라고 일컬어진다. 고다르가 예술가로서 한 일을 비평가로서 해냈다고도 한다.

(왜냐하면) 범죄라는 것은 영상이나 음성이 살아 있는 존재로부터 징수당한 것(아니, 오히려 잡아 뽑히고 도둑맞고 공갈당하고 빼앗긴 것)이기 때문이다. 마법이란 것은 영상이나 음성이 다른 무대(영화관)로 옮겨지고 진열되어 관객의 향락 대상이 되기 때문이다. 이러한 전이에 따른 수익자, 그것은 바로 영화감독인 것이다.

다네에 따르면 고다르의 고민은 자본가와 비슷한 영화감독의 행위를 어떻게 그만둘 수 있을까, 어떻게 하면 '영상과 음성을 징수당한 사람들에게 도로 돌려줄 수 있을까' 하는 것이다. 이 문제의식을 어느 작품보다도 두드러지게 강조한 것이 〈여기와 저기〉라는 작품이다. 왜냐하면 돌려주어야 할 상대인 페다인들이 촬영 직후에 학살당하고 말았으니까 말이다. 다네에 의하면 〈승리할 때까지〉의 제작을 중단할 수밖에 없었던 까닭은 영상을 돌려주어야 할 대상을 잃어버렸기 때문이다.

그런데도 〈여기와 저기〉를 제작할 수 있었던 것은 (아랍어로 말하는) 음성이 아직 완전히 번역되지 않았다는 것을 고다르가 '깨달았다'는 계기가 있었기 때문이다. "그들의 언어가 죽은 글자에 머무르는 이상 페다인들의 죽음은 유예되고, 그들은 죽은 자로서 살아 있는 것이다." 그러므로 고다르가 해야 했던 일은 영상에 비친 페다인들의 말을 번역하여 제대로 전해 주는 것, 그리하여 그들을 애도하는 것, 그러한 애도에 의해 '비록 너무 늦었을지라도' 그들에게 영상과 음성을 돌려주는 것이었다.

09

얼굴의 파시즘
등 뒤의 데모크라시

1972년에 간행된 질 들뢰즈와 펠릭스 가타리Félix Guattari[1]의 공저 《안티 오이디푸스L'anti-Oedipe》는 우리 시대, 즉 '근대'를 가리켜 자본주의 아래서 모든 사물의 '탈코드화'가 글로벌하게 전개되는 시대라고 규정했다. 탈코드화란 사물이 코드에서 풀려나는 것, 그리고 코드란 사물과 특정한 질質 사이의 고정적인 결합을 가리킨다. 탈코드화에 의해 사물은 그때까지 담당해 오던 특정한 질(의미, 가치)에서 해방되고, 그로 인해 사회는 각각의 사물에 특정한 질을 고정적으로 배분함으로써 유지해 오던 질서를 잃어버리게 된다. 이를테면 사회의 구성원인 개인은 신분 제도라는 질에 바탕을 둔 체계 안에서 계층화되는 것이 아니라, 얼마나 돈을 갖고 있느냐 하는 순전히 양적인 척도에 의거하여 일률적으로 늘어서게 된다.

2009년에 탄생 100주년을 맞이한 영화감독 야마나카 사다오山中貞雄[2]는 1932년부터 6년 동안 26편의 영화를 감독하고, 1938년에 28세의 젊은 나이로 출정 나간 중국 대륙에서 병사했다. 그가 감독한 작품의 대부분은 그 후 필름을 잃어버렸기 때문에 오늘날 완벽한 형태로 관람할 수 있는 것은 〈단게사젠,[3] 백만 냥의 항아리丹下左膳余話, 百萬両の壺〉(1935), 〈고우치야마 소슌河內山宗俊〉[4](1936), 그리고 유작이 되어 버린 〈인정 종이풍선人情紙風船〉(1937) 등 겨우 세 작품이다. 그러나 이 세 작품만으로도 누구나 부정하기 어려운 야마나카의 위대함을 느낄 수 있다. 그는 누구보다 빨리, 그리고 철저하게 영화에서 '탈코드화'를 문제 삼았고, 그렇게 하여 영화와 자본주의의 예사롭지 않은 동시대성(씨네=캐피탈)을 표면 위로 떠오르게 했다.

야마나카는 일반적으로 '시대극에 현대극적인 요소를 도입한 최초의 작가'라고 알려져 있다. 이것은 단지 그가 전후의 TV 시대극 시리즈(〈미토코몬水戶黃門〉[5] 등)에서 주로 볼 수 있는 극작법의 선구자라는 것만을 의미하지는 않는다. 코드에 의해 질서화된 전근대적 봉건 사회를 묘사하는 것이 당연한 시대극의 한복판에서 그러한 코드 자체가 해체되어 가는 과정, 즉 탈코드화의 운동을 도입했다는 점도 간과할 수 없다.

예를 들어 〈고우치야마 소슌〉에서는 단도 한 자루를 둘러싸고 이야기가 전개된다. 단도는 원래 장군 가문이 이즈모노카미라는 관직에게 건네주었고, 다시 이즈모노카미가 가신인 기타무라 다이

1
펠릭스 가타리(1930~1992): 프랑스의 정신분석학자이자 철학자. 프랑스 정신분석학의 제4세대를 대표하면서, 라캉학파의 철학적·정치적 지평을 넓혔다. 평생을 다양한 영역을 넘나들며 활동가로 살았고, 1969년 이래 들뢰즈와 지속적인 공동 작업을 했다.

2
야마나카 사다오(1909~1938): 일본의 영화감독. 작품을 통해 군국주의에 대한 우려와 노동자의 비참한 생활을 표현했다. 좌파 성향을 드러낸 영화 〈인정 종이풍선〉의 개봉일에 29세의 나이로 징병당했고, 중국에서 급성 장염으로 전사했다.

3
단게사젠: 극 중 주인공의 이름으로 애꾸눈과 외팔의 검객.

젠에게 준 것이다. 그런데 그 단도를 무뢰한 고타로가 기타무라에게서 훔쳐 경매 시장으로 가져가 버린다. 고타로가 저지른 이 절도 행위를 기점으로 무슨 일이 일어났던 것일까? 장군 집안 → 이즈모노카미 → 기타무라라는 과정에서 특정한 질(의미, 가치)을 지니고 있던 단도가 고타로의 손에 넘어간 순간부터 글로벌한 유통 과정 속으로 던져진다. 동시에 어떠한 상징적인 의미도 지니지 않는 '단순한 단도'로 탈코드화되어 버린다. 탈코드화로 인해 그때까지 지녀 온 특정한 의미와 가치를 잃어버린 단도는 그 후 유통 과정 속에서 교환의 대상이 될 때마다 자신의 값, 즉 금전적인 가치를 높여 간다.

전근대의 틀 속에서 로컬하게 기능하는 상징재로 묵혀 버려야 할 물건이 글로벌한 유통 과정 가운데 던져지는 사태는 〈단게사젠, 백만 냥의 항아리〉에서도 엿볼 수 있다. 이 작품에서 이야기 전개의 중심을 이루는 것은 타이틀에도 나타나 있듯 한 개의 항아리(어리석은 원숭이의 항아리)다. 이 항아리도 원래 이가伊賀와 야규柳生 지역의 성주 쓰시마노카미対馬守의 소장품으로 묵혀 있을 때에만 야규 집안의 로컬한 권력을 상징하는 '가보'로 코드화된다. 그러나 쓰시

4
고우치야마 소슌: 에도시대 막부에서 다회(茶會)와 다기(茶器)를 관장하던 하급 관리로서, 밤에는 집에서 도박장을 열었던 불량 공무원 성격의 주인공.

5
〈미토코몬〉: 에도시대를 배경으로 하는 일본의 텔레비전 사극. 번주이자 유학자였던 도쿠가와 미쓰쿠니를 모델로 하는 미토 미쓰쿠니와 그 수하인들의 모험으로 이야기가 전개된다. 1969년의 첫 방영 이후 2003년에 방송 1000회를 돌파했고 2011년에 종영했다.

마노카미의 아우 겐자부로가 데릴사위가 되어 집을 떠날 때 지참품으로 지니고 성 밖으로 유출하는 순간부터 그것은 '단순한 항아리'로 탈코드화되며, 글로벌한 유통 과정 속에서 순수한 교환의 대상이 되고 마는 것이다.

야마나카가 시대극을 현대극으로 전환시킨다는 말은 앞서 보았듯 시대극에 탈코드화 운동을 도입하여 시대극을 그 자체로 성립시켜 온 전근대적 코드를 동요시키는 것을 가리킨다. 그러나 그는 탈코드화의 거친 풍랑에 의해 속속들이 발가벗겨지는 시대극 자체가 재코드화를 기도하며 이에 대항하는 모습을 그리는 일도 잊지 않는다. 〈고우치야마 소슌〉에서는 탈코드화된 단도를 되찾아 또다시 상징재로 코드화하고자 필사적으로 기를 쓰는 기타무라 다이젠의 기도를 그렸고, 〈단게사젠, 백만 냥의 항아리〉에서는 탈코드화된 어리석은 원숭이의 항아리를 재코드화하고자 필사적으로 달려드는 쓰시마노카미의 기도를 그리고 있다. 이러한 시도는 둘 다 불가능한 동시에 시대착오적일 수밖에 없는 사태로서 골계적으로 그려진다.

야마나카의 영화에서 탈코드화에 의해 '보통의 사물'이 되어 버리는 것은 항아리나 단도 같은 상징재뿐만은 아니다. 당시의 비평은 야마나카의 영화를 비판할 때 '인간이 그려져 있지 않다'는 지적을 자주 했다. 이는 결국 야마나카의 영화에서는 '인간' 즉 등장인물조차 단순한 '보통의 사물'로 탈코드화된다는 뜻이다. '인간'은 소외되는 존재다. 여기서 강조할 것은 야마나카의 영화에 나타나는 '뒷모습'의 중요성이다. 실제로 야마나카의 영화에서는 마치 모든 장면이 등 뒤에서 찍은 것 같다. 여기에 바로 이토 다이스케伊藤大輔[6]가 대표하는 종전의 시대극과 비교하여 야마나카가 영화 속에 도입한 결정적인 단절이 있다. 야마나카에게 이 단절은 영화의 본성을 되돌리는 것이었다. 다시 말해 영화의 본성은 사물을 정면이 아니라 어디까지나 등 뒤에서 포착하는 데 있다는 것이다.

야마나카의 영화는 사물 사이에 존재하는 몇몇 특권적인 '얼굴'로 인해 '인간'성을 빛나게 하는 종류의 것은 아니다. 그의 영화에서는 모든 사물이 카메라에 등을 돌리고 뒷모습끼리 은밀하게 공명한다. 극단의 단원 모두가 공연에 출연하는 것을 기본 원칙으로 내걸었던 좌익 극단 '젠신자前進座'[7]와 그의 밀월 관계도 이러한 맥락에서 이해할 수 있을 것이다. 가와라사키 초주로河原崎長十郎[8]와 나

---

[6] 이토 다이스케(1898~1981): 일본의 영화감독. 시대극 영화의 기초를 만든 명감독 중 하나로 '시대극의 아버지'라고도 불린다.

[7] 젠신자: 프롤레타리아 연극 운동의 고조가 가부키계도 영향을 미쳐 1931년 5월에 가와라사키 초주로와 나카무라 간에몬이 세운 도쿄의 가부키 극단. 고전의 비판적 섭취와 대중극 창조를 목표로 다양한 활동을 벌여 '연극의 백화점'이라고 불렀다.

[8] 가와라사키 초주로(1902~1981): 일본의 제4대 가부키 배우. 극단 젠신자의 창설 멤버로 나중에 간사장을 맡지만 제명당한다. 1949년부터 1967년까지 일본공산당 당원이었다. 제명당한 후 모택동주의파로서 중국 공산당의 대중 공작에 전념했다.

카무라 간에몬中村翫右衛門[9]은 서로 특권적인 '얼굴'을 경합함으로써 그룹의 중심을 이루고 있었던 것이 결코 아니다. 반대로 그들은 항상 서로 등을 돌리는 관계였고, 자갈 한 개가 수면에 물결을 퍼뜨리는 것처럼 뒷모습끼리 서로 울림을 전하면서 그것을 천천히 작품 전체로 퍼뜨리는 '사라지는 매개자'였던 것이다.

근대 자본주의에 의한 글로벌한 탈코드화의 운동에 대항하여 전근대적이고 로컬한 재코드화를 통해 자신을 지키려고 하는 것, 이것이야말로 야마나카의 영화와 비슷하게 대두한 파시즘의 원리였다. 이러한 반동만큼 야마나카와 거리가 먼 것은 없다. 야마나카는 반대로 탈코드화의 운동 한가운데로부터 희망의 맹아를 찾아내고자 했고, 또한 이것을 앞으로 밀고 나감으로써 뒷모습끼리 서로 울림을 전하는 'back to back'의 집단 형성을 이끌었다. 이것이야말로 민주주의의 이상적인 모습이었던 것이다.

[9]
나카무라 간에몬(1901~1982): 일본의 제3대 가부키 배우. 구태의연한 가부키 판을 비판하면서 가부키를 바탕으로 한 새로운 연극을 지향했다. 전후에 일본공산당에 입당하면서 요주의 인물로 공안의 감시를 받았다.

10

역사라는 이름의
기관차를 멈춰라

2009년 야마가타 국제 다큐멘터리 영화제에서는 '상황주의자 인터내셔널Situationist International'[1] 운동의 지도자이자 《스펙타클의 사회La société du spectacle》의 저자로 알려진 기 드보르Guy Debord[2]가 제작한 영화를 특집으로 상영했다.

조르조 아감벤은 드보르의 영화를 논하면서 영화 일반의 본질이 몽타주에 있다고 한 다음, 드보르의 영화는 몽타주를 가능하게 하는 선험적인 조건을 작품 안에서 '그 자체로' 명백하게 드러냈다는 점에서 중요하다고 평가했다.

아감벤에 따르면 몽타주를 위한 선험 조건은 두 가지로 꼽을 수 있다. 하나는 영상의 '반복'이고, 또 하나는 영상의 '중단'이다. 몽타주를 주요한 구성 기술로 삼는 예술 영화에서는 적어도 이념적으로 '필요한 것은 촬영이 아니라 반복과 중단일 뿐'이다. 아니, 촬영에서 편집으로 이어지는 작품 제작의 연속적이고 불가분한 과정 전체를 통해 영상을 반복하고 중단하는 것이 핵심이라고 해야 더욱 정확할지도 모른다. 사회 전체는 무수한 영상으로 이루어진 거대한 집합체로 주어지고, 역사나 인생은 매끄럽게 이어진 영상으로 존재한다고 한다면, 영화 만들기란 역사나 인생의 본류에서 조금 벗어난 곳에 몇몇 영상을 멈추게 하고 정체시켜 반복하는 것일 뿐이라고 할 수 있을 것이다.

모든 영화 작품은 반복과 중단을 통해 구성된다. 그러나 그것의 선험적 조건이 작품 자체 속에서 늘 가시화되는 것은 아니다. 반대로 대부분의 경우에 영상은 어떤 특정한 이야기의 매끄러운 흐름으로 회수되어 반복성도 중단성도 교묘하게 은폐해 버린다. 그런데 영상이 반복성과 중단성을 까밝힐 때, 우리는 거기에서 도대체 무엇을 보게 될까? 한마디로 그것은 영상의 잠재력이다.

반복을 통해 회귀하는 것은 단순히 과거의 사건이 아니다. 과거의 사건을 발생시킨 힘 그 자체가 회귀하는 것이다. 궁극적으로는 제노사이드(집단 학살) 같은 최악의 사건조차 그것이 영상으로 회귀할 때에는 '어떤 일도 일어날 수 있다', '무엇이라도 이루어질 수 있다'는 식이 된다. 즉 사건을 산출하는 잠재력의 존재 자체가 그 양의성과 함께 제시되는 것이다. 반복이란 있을 수 있는 사건 속에서 빛을 발하는 절대적인 희망이라는 뜻이다.

다른 한편, 중단이란 역사나 이야기의 매끄러운 흐름에서 영상

1
상황주의자 인터내셔널: 기 드 보르가 이끄는 '문자주의 인터내셔널'과 아스게르 요른이 이끄는 '이미지주의 바우하우스 국제운동'의 연합. 관객을 수동적인 소비자로 만드는 탈정치 예술에 반대하며 마르크스주의와 아방가르드를 부활시키려는 상황주의 운동을 전개했다.

2
기 드보르(1931~1994): 프랑스의 마르크스주의 이론가이자 영화제작자. 대표 저서인《스펙타클의 사회》를 통해 대중문화에 포획된 우리의 삶을 고발했다.

을 잘라 내어 흐름 곁에 멈추게 하는 것이다. 이리하여 영상은 흐름 속에서 부여받은 특정한 질(의미, 가치)로부터 해방되어 그 어떤 특정한 질과도 고정적으로 결부되지 않는 단순한 '보통의 영상'으로서 모습을 드러낸다. 중단에 의해 출현하는 영상은 특정한 질에 조금도 고정되지 않는 '보통다움' 가운데에서 모든 가능성에 열려 있는 자신의 순수한 잠재력을 빛낼 것이다. 반복이 과거로부터 잠재력을 찾아낸다고 한다면, 중단은 현재로부터 잠재력을 부상시키는 것이다.

반복과 중단, 그리고 그것을 통한 잠재력의 호소……. 장 르누아르Jean Renoir[3]가 할리우드에서 감독한 마지막 작품 〈강The river〉(1951)에서도 똑같은 문제를 엿볼 수 있다. 이 작품은 인도의 캘커타에서 촬영했다. 여기서 '강'이란 갠지스 강을 말하며, 이 작품의 무대는 갠지스 강 옆에서 사는 영국인 가족의 '커다란 집'이다. 그런데 이 작품에서는 '강'과 '커다란 집'의 위치 관계가 구성하는 토폴로지[4]가 중요하다. '강'은 역사 혹은 인생 자체의 흐름이며, 그 곁에 물굽이처럼 위치해 있는 '커다란 집'은 역사나 인생의 본류에서 일탈한 영상이 일시적으로 체류하여 반복되는 곳이다.

3
장 르누아르(1894~1979): 프랑스의 영화감독. 인상파 화가 르누아르의 아들이다. 타고난 조형 감각으로 휴머니즘이 넘치는 명작을 남겼다. 특히 제1차 세계대전을 배경으로 한 〈위대한 환영〉은 영화사에 길이 남을 만한 걸작이다.

4
토폴로지: 도형이나 공간이 지닌 여러 성질 중 연속적으로 도형을 변형해도 변하지 않는 성질을 연구하는 기하학. 위상기하학이라고도 한다.

역사나 인생의 본류를 구성하는 영상이 중단되고 반복되는 곳인 '커다란 집'을 무대로 삼아 영화 〈강〉은 도대체 무엇을 묘사하고 있는 것일까? 그것은 바로 사춘기에 돌입한 세 소녀가 인생의 본류인 '강'으로 나가기 위한 준비를 다소 무의식적으로 진행해 가는 과정이다. 요컨대 '커다란 집'은 다 큰 물고기가 되어 '강'으로 나가는 어린 물고기가 수업을 받는 곳, 즉 수업의 극장인 것이다. 어린 물고기는 정말 최악의 사태 속에서도 절대적인 희망을 찾아내기 위한 에티카, 또는 영상의 '보통다움'에 대한 감수성, 잠재력을 향한 감수성을 배운다.

그러나 처음부터 영화나 영화관 자체가 물굽이와 같은 것은 아닐까? 영화관이란 인생을 직조하는 다양한 영상이 일시적으로 머물러 반복되는 곳은 아닐까? 르누아르의 〈강〉이 파고드는 바는 바로 영화의 진리다. 인생을 중단하고 영화관의 어둠 속으로 몸을 파묻으러 오는 것은 아직 인생의 본류를 경험한 적 없는 어린 물고기에만 국한되지 않는다. 인생에 지치고 희망을 찾는 방법조차 잊어버린 다 큰 물고기도 휴식과 희망을 되찾기 위해 물굽이의 웅덩이 속으로 찾아온다.

〈강〉의 무대가 인도라는 점, 제2차 세계대전이 끝나고 6년 후에 만들어진 작품이라는 점이 의미하는 바는 여기에 있다. 장 르누아르는 인도 사회의 문제(힌두와 이슬람의 대립, 카스트 제도에서 기인하는 빈곤 등)를 폭로하는 식의 둔한 시선을 자숙하고, 어디까지나 '서양인에게 인도는 무엇인가' 하는 점만 신중하게 묘사한다. 한마디로 〈강〉에 나오는 인도는 20세기 전반의 역사적 격랑 속에서 피로에 지친 서양인에게 다가온 인도, 다시 말해 역사의 본류에서 약간 벗어난 곳에 위치한, 중단과 반복의 극장으로서의 인도인 것이다.

한편 〈강〉의 시간적 배경, 즉 제2차 세계대전 이후 6년이 지난 1951년이라는 시기 자체가 역사의 흐름 속에서는 물웅덩이이자 희망의 믿음을 되찾기 위한 수업의 극장이라는 위상을 지닌다. 실제로 〈강〉에서 수업의 극장에 들어가 있는 것은 세 소녀만이 아니다. 갠지스 강을 왕래하는 증기선을 타고 '커다란 집'으로 온 귀환 병사 미국인 청년을 보자. 그는 전쟁터에서 한쪽 다리를 잃고 당당하게 조국으로 돌아와 여자들에게 둘러싸여 영웅 대접을 받지만, 어느새 망각의 존재가 되어 불투명한 생활 속에 내던져진다. 그도 갠지스 강변에 있는 '커다란 집'에서 한쪽 다리밖에 남지 않은 불행한 자신의 모습 그 자체를 '보통의 영상'으로 받아들이는 방법, 즉 한쪽 다리밖에 없는 자신의 신체 속에서 절대적인 희망인 잠재력을 지각하는 방법을 배운다. 그리하여 그는 다시 한 번 인생의 본류로, 갠지스 강의 흐름 속으로 돌아가는 것이다.

"혁명이란 역사라는 이름의 기관차를 급정차시키는 것이다." 마르크스의 유명한 경구를 반전시킨 발터 벤야민의 이 말이 진실이라면, 영화는 바로 '혁명'의 다른 이름일 것이다. 우리는 이런 의미의 '혁명'을 '봉기'라고 부르고 싶다.

11

현실 세력의 비관주의
잠재 세력의 낙관주의

　　다시 기 드보르를 말하기로 한다. 앞에서는 아감벤의 드보르 논의에서 장 르누아르에게로 한숨에 달려가는 바람에 드보르의 영화(혹은 '반反영화') 자체에 대해서는 거의 언급할 기회가 없었다. 드보르가 스스로 작품의 제작 원리라고 규정하는 '전용'[1]이라는 수법은 과연 어떠한 것인가?

　　드보르는 이 책에서 앞서 다룬 자크 타티와 그다지 멀리 떨어져 있지 않다. 타티가 보기에 현대 사회는 '유리'와 '화살표'라는 두 가지 주요한 요소로 이루어져 있는 사회인 동시에 이어진 화살표를 따라 어디까지나 유리 벽이 늘어서 있는 사회다. 거기에서 사람들은 화살표가 지시하는 방향으로 움직이고 모든 사물을 유리 벽 너머로 지각한다. 사람들은 유리 벽에 의해 세계로부터 이미 늘 '소외'되어 있고, 유리로 둘러싸인 세계(쇼윈도로 수렴되는 세계)를 눈앞에 둔 순수한 관객으로서 존재한다.

　　드보르가 '스펙타클의 사회'라고 본 현대 사회도 마찬가지다. 드보르는 거기에서 이중의 '수동성'을 발견한다. 하나는 행동하는 자

actor이기를 그만두고 단순한 구경꾼spectator으로 전락해 버린 인간의 수동성이고, 또 하나는 특정한 화살표가 이어진 곳을 따라가는 식으로 전개될 수밖에 없는 유리 벽 위의 영상의 수동성이다. '스펙타클의 사회'를 규정하는 이와 같은 이중의 수동성을 깨부수기 위해 드보르가 제안하고 실천하는 수법, 그것이 바로 '전용'이다.

그런데 여기에서 세간에 간간이 떠다니는 드보르에 대한 한 가지 오해를 풀지 않으면 안 된다. 드보르가 말하는 수동성의 타파란 우리와 세계를 갈라놓는 유리를 깨부수는 것이 아니다. 타티가 그러하듯, 우리를 세계로부터 소외시키는 유리 벽의 분쇄를 통해 세계와 무매개적으로 접촉할 수 있게 한다는 그럴 듯한 프로그램은 드보르가 설정한 문제agenda와 동떨어져 있다. '전용'의 실천은 그것을 위한 것이 아니다. 드보르와 상황주의자의 용어를 빌리면 '전용'의 뜻으로 번역하는 프랑스어 데뚜르망détournement에는 애당초 '방향 전환'이라는 의미가 들어 있다. 이 사실이 단적으로 시사하듯 '반영화'를 통해 드보르가 전개하려는 '스펙타클의 사회'와 이중의 수동성에 대항하는 싸움은 유리보다는 화살표와 연관되어 있다.

드보르의 '반영화'는 '영상', '행동' 그리고 '목소리'라는 세 가지

1
전용: 방향 전환, 우회 등의 뜻으로, 기존의 조건과 자원들을 창조적으로 사용함으로써 전혀 다른 질을 창출하는 것.

주요 요소로 구성된다(다만 하얀 화면과 검은 화면만 보여줌으로써 '영상'을 작품 안에서 모조리 배제하고, '목소리'와 '행동'을 접속시킨 데뷔작 〈사드를 위한 절규〉는 유일하게 여기에 해당하지 않는다). 수동적인 영상을 목소리에 의해 행동으로 전환시킨다. '전용'을 통해 시도하는 것은 바로 이것이다. 영상 저편에 '리얼한 세계'와 같은 것을 추구하는 것이 아니라, 어디까지나 유리 표면에 비치는 영상의 차원에 머무르면서 영상을 수동성으로부터 해방시키고 능동성을 회복하는 것, 즉 영상 그 자체를 역사 속에서 능동적인 것(역사를 만들어 내는 것)으로 반전시키는 것, 한마디로 '스펙타클의 사회' 그 자체를 그대로 행동으로 전환시키는 것을 말한다. 이것이 드보르가 말하는 '전용'이며 그것은 오로지 목소리에 의해서만 가능하다고 한다.

다만 어떤 목소리라도 좋다든가, 누구의 목소리라도 좋은 것은 아니다. 오로지 드보르 자신의 목소리만 '전용'의 힘을 가진 유일무이한 목소리라고 한다. 드보르의 목소리('절규')만이 오직 영상을 '화살표' 앞에 무릎을 꿇는 일에서 해방시킬 수 있는 힘을 배타적으로 소유하고 있다. 거꾸로 말하면 영상이 다른 목소리 아래 놓여 있는 한, 거기에는 결코 '전용'은 있을 수 없고 단지 '콜라주'[2]만 이끌

2
콜라주: 풀로 붙인다는 뜻. 상관관계가 없는 별도의 영상을 최초의 목적과는 전혀 다른 방식으로 결합시켜 색다른 미(美)나 유머 등의 효과를 낸다. 현실의 다양성을 화면에 끌어들이기 위한 수단 중 하나로 팝아트를 비롯한 예술 전반에서 널리 사용되고 있다.

어 낼 수 있다. 드보르는 그렇게 생각하고 있다. 그래서 그는 장뤼 크 고다르의 영화에 대해 '전용'이라는 용어 사용을 엄하게 금지하고, 그것은 어디까지나 '콜라주'에 불과하다고 단언하는 것이다.

드보르는 비행 중인 여객기 안에서 신경질을 내는 승객에 비유할 수 있을 것이다. 실제로 프랑스어 데뚜르망에는 '공중 납치hijack'란 뜻도 있다. 그는 무엇에 신경질을 내는 것일까? 단지 승객에 지나지 않는다는 자신의 수동성에 분통을 터뜨리는 것만은 아니다. 파일럿이 조종하는 대로 날아가는 비행기의 수동성에도 신경질을 내는 것이다. 그래서 그는 파일럿에게서 조종기를 빼앗아 자신이 조종석에 앉으려고 시도한다. 드보르에게 유일하게 가능한 여객기의 '전용'이란 비행기를 스스로 조종하는 것이며, 그렇게 해야만 자신을 수동성으로부터 해방시킬 뿐 아니라 비행기도 수동성으로부터 해방되어 역사 속에서 능동적인 것이 된다. 그러므로 그가 아닌 다른 승객이 파일럿 대신 조종기를 잡는다고 해도, 그것은 '콜라주'에 불과하다.

여객기는 나에게 공중 납치를 당할 때만, 내 목소리 아래에 둘 때만, 역사를 만들어 내는 전투기가 된다. 알몸으로 비루한 포즈를 취하는 광고 속 여성의 포르노그래피도 내 목소리 아래 놓이기만 하면 역사적 능동성을 곧바로 회복하여 아름답게 빛을 발하기 시작한다……. '내' 목소리에 대한 드보르의 이 뻔뻔스러운 착각은 도대체 어디에서 비롯하는 것일까? 아마도 그것은 상황주의자 운동의 지도자인 드보르가 초현실주의 운동의 지도자인 앙드레 브르통 Andre Breton[3]을 최고의 유일한 라이벌로 삼는다는 사실에서 유래할 것이다. 드보르에게 브르통과 초현실주의는 무엇보다도 '무의식'을 미술사에 최초로 분명하게 도입한 운동이었다. 이것을 철저하게 때려눕히겠다는 의도를 품은 드보르는 '무의식'의 노선을 답습하는 전략을 가지고는 브르통을 도저히 앞지를 수 없다고 생각했다. 그래서 그는 브르통에 의해 미술사에서 배제된 '의식', 즉 '나'를 부활시켰고, 그것을 '무의식'과 같은 수준으로 올려놓는 망상증적 전략을 선택한 것이다. 한마디로 그는 '스펙타클의 사회'에 대항하는 반역이라는 정치적 시도를 미술사 안에서 브르통을 타도하겠다는 미학적 관점에 입각하여 구상한 것이다.

우리는 드보르의 이러한 '정치의 미학화'는 물론, 그것에서 기인하는 뻔뻔스러운 '나'를 마음껏 긍정하는 일이 가능하지 않다. 그

3
앙드레 브르통(1896~1966): 프랑스의 시인. 초현실주의의 지도적 이론가다. 무의식의 표현 행위(오토마티즘)에 의한 시의 창작 방법을 발견했고, 다다이즘 운동에도 참가했다. 1924년에 《초현실주의 선언》을 발표하면서 현대 예술 전반에 깊은 영향을 끼쳤다.

러나 우리가 드보르에게 무언가를 전수받아야 한다면, 그것은 영상의 이중성에 대한 날카로운 직관일 것이다. 다시 말해 현실적인 차원에서는 구제하기 어려운 수동성에 머물러 있는 그 어떤 영상이라도, 그 속에는 예외 없이 절대적인 능동성을 회복할 수 있는 잠재력을 늘 이미 배태하고 있다는 직관 말이다. 따라서 'D-1'이야말로 포스트 기 드보르의 정식定式이라고 할 수 있다.

12

한겨울의 망령
코뮤니즘

다니엘 위예Danièle Huillet[1]와 장마리 스트로브Jean-Marie Straub[2]가 공동으로 감독한 작품 〈시칠리아Sicilia!〉의 원작은 이탈리아 작가인 엘리오 비토리니Elio Vittorini[3]의 소설 《시칠리아에서의 대화 Conversazione in Sicilia》다.

소설은 다음과 같은 문장으로 시작한다. "나는 그해 겨울 몇몇 추상적인 분노에 사로잡혀 있었다." 장마리 스트로브 부부의 강조점은 '그해 겨울'을 그대로 찍는 데 있었다. 소설은 첫 문장에 이어 다음과 같이 진행된다. "그것이 어떤 분노였는지는 말하지 않겠다. 나는 그것에 대한 이야기로 시작하지는 않을 것이다." 실제로 소설에서는 마지막까지 그것이 어떤 분노인지, 무엇에 대한 분노인지 밝히지 않는다. 이것은 '그해 겨울'에 대해서도 마찬가지다. 그것이 도대체 어느 해 겨울인지, 몇 년도 겨울인지, 소설은 마지막까지 밝혀 주지 않는다.

그러나 다음과 같은 사실은 알려져 있다. 비토리니는 1936년 7월에 발발한 스페인 내전에 충격을 받고, 같은 해 1월부터 집필하던《에리카와 남동생들》을 미완인 채로 중단해 버린다. 스페인 인민전선을 절대적으로 지지하던 그는 이탈리아 파시스트 정권이 독일 나치스 정권과 함께 프랑코 장군의 반란군을 공공연하게 지원하는 것에 대해 '추상적'이기는커녕 지극히 구체적인 '분노'를 느끼고 있었다. 몇 가지 의심은 품으면서도 그때까지는 파시즘이 사회주의 실현을 위해 거쳐야 할 하나의 단계라고 믿었지만, 스페인 내전을 계기로 비토리니는 완전히 반파시즘으로 돌아선다.《시칠리아에서의 대화》는 스페인 내전이 한창인 1937년 9월부터 집필하기 시작한다.

이상과 같은 일련의 사실에 비추어 본다면, '몇몇 추상적인 분노'란 프랑코 반란군에 대한 분노이며, 나치스 정권과 함께 그들을 군사적으로 지원한 파시스트 정권에 대한 분노를 가리킨다. 또한 불간섭을 결정한 프랑스 인민전선 정부를 비롯한 다른 유럽 국가의 정부에 대한 분노라고 본대도 아무런 문제가 없을 것이다.《시칠리아에서의 대화》의 단행본 초판이 간행된 1941년 당시, 비토리니처럼 시칠리아 출신인 화가 레나토 구투소Renato Guttuso[4]는 이 작품에 크게 영감을 얻어 디자인 그림 몇 장을 제작했다. 그 가운데 소설

1

다니엘 위예(1936~2006): 프랑스의 영화감독. 미학적으로 주요한 영화들을 남편인 장마리 스트로브와 공동으로 제작했다. 카메라나 배우의 배치 같은 작업에는 스트로브가 재량권을 가졌고, 각본, 연출, 음성/음악, 편집, 제작에 관해서는 동일한 권리를 가졌다고 한다.

2

장마리 스트로브(1933~): 프랑스의 영화감독. 첫 장편 영화 〈화해 불가〉(1965)를 발표한 이래 반세기 이상 비주류 영화를 만들고 있다. 오랫동안 아내인 다니엘 위예와 공동으로 작업해 왔고, 위예가 사망한 뒤에는 혼자 작업하고 있다.

모두의 첫 문장에 대응하는 것으로, 1937년에 실제로 있었던 게르니카 폭격[5]을 일면 기사로 낸 신문의 지면을 그린 것이 있다(레나토 구투소의 디자인 그림은 1986년에 간행된 리졸리Rizzoli 출판사 판의 삽화로 수록되었다). 그러나 소설에서는 이것에 관해서 한마디도 하지 않는다.

이렇게 보자면 '그해 겨울'에 대해서도 그것이 스페인 내전이 발발한 1936년부터 그다음 해에 걸친 시기의 겨울, 아니면 소설을 집필하기 시작한 1937년부터 그다음 해에 걸친 시기의 겨울이라고 봐도 좋을 것이다. 어느 쪽이든 스페인 내전 시기를 맞이한 겨울이다. 소설을 보면 더욱 구체적으로 12월 초순의 며칠간을 묘사하고 있다. 그렇다면 1936년 내지 1937년 12월이라고 추정할 수 있을 것이다. 그러나 글 속에서 구체적인 연도를 언급하는 일은 없다. 중요한 것은 '그해 겨울'이 분명하게 1936년이나 1937년의 겨울이라는 것, 동시에 그것이 날짜가 정해지지 않은 추상적인 겨울, 그냥 겨울일 뿐이라는 것이다. 요컨대 '그해 겨울'이란 역사적으로 특정할 수 있는 구체적 시기인 겨울이 비역사적(역사횡단적)이고 추상적인 겨울과 함께 엮어 내는 최소 회로, 겨울의 결정結晶을 가리킨다.

3
엘리오 비토리니(1908~1966):
이탈리아의 소설가. 노동을 하면서 독학으로 문학을 공부했고, 잡지 《솔라리아》에 단편 소설을 게재하면서 문학 활동을 시작했다. 미국 현대 문학을 연구한 경험을 살려 이탈리아 소설의 신기원을 이룩하려고 했다.

지리적인 사항도 마찬가지다. 《시칠리아에서의 대화》는 밀라노에 사는 29세의 청년이 베네치아에서 온 아버지의 편지를 받고 모친이 사는 마을로 향하는 여정을 담고 있다. 청년은 열차를 갈아타면서 이탈리아 반도를 남하한 후, 페리를 타고 바다를 건넌 다음에 시칠리아 섬의 메시나에서 열차를 타고 섬 동쪽으로 내려가 시라쿠사에서 지방 철도와 정기 버스를 타고 모친의 마을에 도착한다. 이렇듯 이 작품은 약 15년 만의 귀향 여행을 마치 지도를 더듬어 가는 것처럼 주의 깊게 묘사하고 있다. 따라서 이탈리아와 시칠리아를 무대로 한 작품인 것은 의심할 바가 없다. 하지만 말미 부분에 붙인 '주석'에는 다음과 같이 쓰여 있다. "오해나 곡해를 피하기 위해 말해 두는데, 이 '대화'의 주인공은 자전적인 인물이 아니다. 마찬가지로 주인공을 휘감고 있는 시칠리아가 시칠리아인 것도 우연에 지나지 않는다. 결국 시칠리아라는 이름이 내게는 페르시아나 베네수엘라라는 이름보다 귀에 익숙할 뿐이다."

다시 말해 '그해 겨울'이 역사적으로 특정 가능한 구체적인 겨울과 겨울의 추상성으로 이루어진 시간의 결정인 것처럼, '시칠리아' 역시 지리적으로 특정 가능한 구체적인 시칠리아와 비지리적이고

4
레나토 구투소(1911~1987): 이탈리아의 화가. 제2차 세계대전 후 신예술전선의 지도자로서 예술의 사회적 역할을 강조했다. 정치성을 띤 사실주의와 피카소의 영향을 받은 표현주의적 경향이 강하다. 입체파, 팝아트 등의 표현 방식을 통해 파시즘을 비난했다.

5
게르니카 폭격: 1937년 4월 26일, 스페인 내전 당시 공화군의 세력권에 있던 바스크 지방의 소도시 게르니카가 나치 콘도르 사단 폭격 부대의 폭격을 받은 사건. 도시 인구의 1/3에 달하는 사상자가 발생했고 이 비극에 분노한 피카소가 대작 〈게르니카〉를 그렸다.

지리횡단적인 시칠리아, 즉 추상적인 또 하나의 시칠리아가 함께 엮어 내는 공간의 결정인 것이다. 그러므로 ‘그해 겨울, 시칠리아’는 시간=공간의 결정이다. 소설 속에서는 몇 번이나 주인공의 여행이 ‘사차원의 여행’이며 모든 사물이 ‘기억’인 동시에 ‘지금이라는 과잉’이기도 하다고, 즉 ‘이중적인 현실’이라고 되풀이해서 말한다.

위예와 스트로브가 〈시칠리아〉에서 시도한 것은 이러한 ‘시칠리아, 그해 겨울’을 그대로, 즉 이중의 현실로 이루어진 시간적=공간적 결정으로 포착하는 것이었다. 어떤 인터뷰에서 그들은 메시나에서 남하하는 열차 장면에 대해 다음과 같이 말한다. “우리가 고심한 것은 최신의 쾌적함을 자랑하지도 않고, 그렇다고 당시의 것도 아닌 차량을 구하는 일이었어요. 그렇게 하여 영상이 역사적으로 규정되어 버리는 것을 피하고자 한 것이지요. 의상 문제도 마찬가지였고요.” 열차 장면에서 특히 중요한 것은 주인공이 ‘위대한 롬바르디아인’이라고 부르는 남자가 “구하고자 하는 것에 도달하기 위해서라면, 말이고 땅이고 할 것 없이 내가 소유하고 있는 전부를 내동댕이칠 작정이야”라고 이야기한다는 점이다. 여기에 대해 위예와 스트로브는 다음과 같이 말한다. “위대한 롬바르디아인은 내가 '그의 공산주의 유토피아'라고 부르는 이야기를 전개하고 있어요. 그것은 보편적인 것이 아니라 스스로 그렇게 이름 붙인 적도 없는 아주 개별적인 것이지요. 즉 우크라이나에서 스탈린에게 학살당한 사람들의 공산주의 유토피아인 것입니다. (…) 그러나 만약 이 이야기의 시점이 1917년 이후라는 것이 분명하고, 스페인 내전이 배경으로 깔려 있어 매카시즘McCarthyism[6] 같은 것을 이미 예고하고 있다는 것을 명확하게 밝혀 버린다면, 이 작품은 감동적인 것이 되지 않았겠지요. 이러한 것을 나는 사이언스 픽션 효과라고 부릅니다."

비토리니가 '결정'을 도입한 데에는 두말할 나위 없이 파시스트 정권의 지배 아래 엄혹한 검열의 눈을 피하려는 의도도 있었다. 그러나 위예와 스트로브는 결정을 통해 '공산주의 유토피아'가 역사적이고 지리적으로 특정 가능한 하나의 구체적인 시간=공간 속에서 산출된다는 것, 아울러 그것은 '또 하나의 현실'로서 역사와 지리를 항상 횡단하면서 우리 시대에 이르기까지 강건하게 살아남은 '망령'이기도 한 것을 보여 주려고 했다.

[6]
매카시즘: 1950년에서 1954년 사이에 미국을 휩쓴 일련의 반공산주의 선풍. 미국 공화당 상원의원 매카시가 보수 강경파를 중심으로 체제를 재편성하고 권력의 기반을 다지고자 의도적으로 정부의 진보적 인사들을 공산주의자로 몰아 공격한 데서 발단했다.

13

반딧불에
대하여

미술사 연구와 철학을 횡단하는 독특한 활동으로 알려진 프랑스의 사상가 조르주 디디위베르만Georges Didi-Huberman[1]은 2009년 10월에 *Survivance des lucioles*, 즉 '반딧불의 잔존' 또는 '살아남은 반딧불'이라는 제목의 저작을 발표했다.[2] 주머니에 쏙 들어갈 만큼 앙증맞은 이 책에서 그는 '커다란 빛luce'과 대조를 이루는 '자그마한 빛luciola'으로서 '반딧불'을 이야기한 피에르 파올로 파솔리니Pier Paolo Pasolini[3]의 유명한 논의를 다루었는데, 특히 최근 10년 사이에 쌓아 올린 자신의 사상을 매우 압축적으로 제시하고 있다.

파솔리니의 반딧불 논의는 어떤 것이었는가? 파솔리니에 따르면 1920년대부터 1940년대에 걸쳐 이탈리아에서는 파시즘(또는 무솔리니의 영광)이 마치 강력하고 위대한 유일의 올바른 '빛'인 것처럼 빛나고 있었다. 그러나 실제로는 그 '빛'이 모든 것을 한없이 다 덮어 주지는 못했고, '빛'이 도달하지 않는 무성한 어둠에서는 무수한 '미광微光', 즉 '반딧불'의 소박한 빛이 결코 꺼진 적 없이 빛나고 있었다. 무수하게 날아다니는 반딧불의 그러한 불굴의 빛과 그것

이 엮어 내는 불규칙한 성운이야말로 레지스탕스나 빨치산의 가능
성 그 자체였다. 거꾸로 말하면 자신의 '빛'으로 이탈리아 사회 전
체를 빈틈없이 비출 수 없었던 점에 바로 파시스트 체제의 치명적
인 약점이 있었다는 말이다.

　그러나 전후에 이 약점을 극복하는 새로운 '파시즘'이 태어나 절
망스럽게도 파솔리니는 더욱 강력한 '빛'으로 인한 반딧불의 사멸
을 선언하지 않을 수 없게 된다. 구체적으로는 기독교민주당 정권
의 이탈리아가 '기적'이라 일컬어진 호경기를 타고 급속한 경제 부
흥과 공업화를 경험하고 있던 1960년대 초부터 반딧불(곤충)이 그
러했던 것처럼 '반딧불(미광)'도 서서히 모습을 감추기 시작했고,
1970년대 중반쯤에는 그 빛을 어디에서도 찾아볼 수 없게 되었던
것이다.

　미디어 왕 실비오 베를루스코니Silvio Berlusconi[4]가 지배하는 오늘
날 이탈리아의 상황을 조금이라도 아는 사람이라면, 1975년에 파
솔리니가 내린 이러한 진단을 한층 더 절실하게 실감할 수 있을 것
이다. 이를테면 예전에는 반딧불의 자그마한 반짝거림도 감지할
수 있을 만큼 어슴푸레하고 조용했던 도시 지하철역 구내에 오늘

1

조르주 디디위베르만(1953~):
프랑스의 미술사학자. 관심 분
야는 이탈리아 르네상스부터
현대 미술과 사진, 영화에 이르
기까지 광범위하다. 벤야민, 바
타유, 들뢰즈 등에게 영향을 받
았다. 미술사를 위한 예술철학
과 역사철학을 정립하려고 노
력했다.

2

한국에서는 《반딧불의 잔존》
(길, 2012)이라는 제목으로 출간
되었다.

3

피에르 파올로 파솔리니(1922~
1975): 이탈리아의 시인이자 영
화감독. 1941년경부터 시를 쓰
기 시작해 소설가, 평론가, 화가
등으로 활동했다. 도시의 최하
층 노동자에게 공감을 느낀 그
는 하층 계급의 빈곤, 고독, 상처
받은 감정 등을 주로 다루었다.

날은 곳곳마다 텔레비전을 설치하여 옆 사람과 이야기를 나누는 것은 물론, 가벼운 사색조차 할 수 없을 만큼 큰 소리가 왕왕 울려 나온다. 또한 눈도 제대로 뜰 수 없을 정도의 요란스러운 '빛'이 열차의 도착을 기다리는 사람들을 모조리 비추고 있다. 지하철의 차량 내부, 각 도시의 철도역 구내에 대해서도 똑같은 이야기를 할 수 있다. 1970년대 파솔리니가 '부르주아적 라이프 스타일의 동일화'를 전면적이고 무조건적으로 강요했던 것을 묘사하던 '빛'은 스위치를 내릴 일이 없는 거리의 텔레비전이 내뿜는 '빛'이 되어 누구의 눈에나 보이는 형태로 물질화되기에 이르렀다.

그런데 디디위베르만은 빛과 미광을 둘러싼 이와 같은 파솔리니의 논의를 긍정과 경의를 품고 다시 살펴보면서도 이의를 제기한다. 그 지점은 바로 현대 자본주의 체제의 '반딧불의 사멸'이라는 뒷부분의 논의에 관한 것인데, 마치 기 드보르의 '스펙타클의 사회' 이론(더욱 엄밀하게는 1970년대에 들어와 느낀 그의 절망)과 호응하는 것 같다. 디디위베르만의 이론은 다음과 같이 요약할 수 있다. 비록 반딧불의 모습이 보이지 않는다고 해도 어딘가에는 반드시 잔존하고 있을 것이다. 눈에 보이지 않는다고 해서 곧 절멸을 의미

4
실비오 베를루스코니(1936~):
방송사, 언론사, 출판사, 영화제
작사, 프로축구단 'AC 밀란' 등
을 보유한 이탈리아 최대의 재
벌 총수. 두 번 총리직에 올랐으
나 뇌물 수수, 불법 정치자금 운
용 등으로 징역형을 선고받기
도 했다.

하는 것이 아니라 우리에게는 늘 반딧불의 잔존을 믿을 만한 조건
이 고스란히 남아 있다. 이런 의미에서 파솔리니가 말했던 것과는
반대로, 오히려 자신에 대한 믿음은 아무리 '빛'이 강력하다고 해
도 방해를 받지 않는다. 다시 말해 이 믿음을 포기하지만 않는다면
누구라도 항상 자기 자신을 '미광', 즉 '반딧불'처럼 빛나게 할 수
있는 것이다.

디디위베르만의 저작 중에 2002년에 발표한《잔존하는 이미지
L'image survivante》는 독일의 유대계 미술사가 아비 바르부르크Aby
Warburg[5]가 쓴《미술사와 유령들의 시간》을 논한 것이고, 2003년에
발표한《이미지, 그럼에도 불구하고Images malgré tout》라는 저작은 존
더코만도Sonderkommando[6]가 결사의 각오로 촬영한 수용소 내부의
사진(아우슈비츠에서 압수당한 사진 넉 장)을 논의한 것이다. 이들 두
저작의 제목을 접속하여 하나로 만들어 보면 '그래도 이미지는 잔
존한다' 또는 '그래도 이미지는 살아남는다'가 된다. 디디위베르만
의 사상적 핵심이 그대로 도드라진다. 그의 사색이 지닌 최대의 매
력은 무엇보다 극한의 상황에서도, 엄밀하게는 '쇠퇴', '낙하'라는
극한의 상황에 놓여 있기 때문에 더욱 더 끈질기게 살아남는 이미

5 아비 바르부르크(1866~1929):
독일의 문화사가. 고대 그리스
와 로마가 15세기 이탈리아 문
화에 끼친 영향에 주목했다. 사
재를 털어 초기 르네상스의 미
술 관련 문헌 약 6만 권을 수집
했고, 1933년에 이 서고는 런던
대학으로 이관하여 오버그연구
소로 성장했다.

6 존더코만도: 제2차 세계대전 당
시 홀로코스트(유대인 대학살)
의 살해 과정을 돕고 시체를 처
리하던 아우슈비츠 수용소 수
감자들의 작업 부대.

지의 잠재력을 '그래도'라는 강렬한 한마디를 통해 절대적으로 긍정해 버린다는 점에 있다. 그리하여 《반딧불의 잔존》은 '그래도, 잔존하는' 최근 10년의 사색을 반딧불이라는 아름다운 형상으로 응축시키고자 하는 시도인 것이다.

디디위베르만은 '그럼에도 불구하도'에 의해 파솔리니를 절망에서 구출하고자 기도하지만, 원래 단테의 《신곡》에서 유래했다고 알려진 빛과 미광이라는 이원론은 그대로 유지한다. 그러나 이번에는 우리 자신이 디디위베르만에게 이의를 제기할지도 모른다. 하나의 빛남이 반딧불인지, 아닌지를 결정할 수 있는 심급이 있다면, 그것은 '신의 판단'과 다르지 않은 것은 아닐까? 내가 반딧불이라고 낯 두껍게 주장하는 반짝거림은 '그래도' 반딧불의 얌전함을 유지하고 있다고 말할 수 있을 것인가? 오히려 어떠한 반짝거림에 대해서도 그 하나하나는 빛과 미광이라는 이중적 측면을 동시에 갖고 있다고 파악해야 하는 것은 아닐까?

불가사의하게도 《반딧불의 잔존》에서 다루지는 않지만, 디디위베르만의 또 다른 테마로 '이미지를 반딧불로서 춤추게 하는' 조작으로서의 몽타주라는 것이 있다. '올바른 이미지 따위는 없으며, 모든 것은 단순한 이미지일 뿐'이라고 주장하는 장뤼크 고다르와 장 피에르 고랭과 더불어 어떠한 반짝거림도 하나하나로는 반딧불일 수 없고, '단순한 빛'에 지나지 않는다고 말해야 하는 것은 아닐까? 그것은 어디까지나 다른 반짝거림과 몽타주로 만들어질 때 비로소 반딧불이 되어 반짝거리며 날아다닐 수 있다고 해야 하는 것은 아 닐까? 거꾸로 말하면 '커다란 빛'이란 다른 빛남과의 몽타주 없이 단독으로 올바르게 리얼한 빛을 내고 있는 것처럼 행동하는 모든 빛남을—비록 아무리 그것이 미약하다고 할지라도—가리킨다고 생각해야 하는 것은 아닐까?

14

핵전쟁의
리얼리티

1984년 코넬대학에서는 핵무장(엄밀하게 말하면 '핵비판'의 가능성)에 대한 자크 데리다의 강연이 있었다. 1981년에 레이건 정권이 핵무장의 목적을 '장기 핵전쟁에 승리하기 위한 준비'라고 새삼스레 규정한 것과 1985년에 고르바초프가 소련공산당 서기장에 취임한 것을 생각하면, 이 강연은 공교롭게도 그 사이에 행해졌던 셈이다. 마침 '전면적인 핵전쟁'이라는 '이야기'에 대한 믿음이 널리 퍼져 있던 시대였다. 데리다의 강연 제목은 〈묵시록은 없음, 지금은 아님 No apocalypse, not now〉이었는데, 그 가운데 다음과 같은 구절이 있다.

우리는 과학 기술에 대해서도, 군사 외교에 대해서도 전문가 행세를 할 자격은 없지만, 논의해야 할 현상의 본성이 속속들이 이야기 텍스트적fabuleusement textuel이기 때문에 우리 스스로는 자격이 없는데도 다른 사람들과 마찬가지로 자신에게도 그 현상을 논의할 자격이 있다고 믿는 것이 가능합니다. 핵무장은 기존의 어떤 무장보다 한층 더 정보와 통신,

언어 활동, 비음성적 언어 활동, 암호와 해독 같은 시스템에 의존하는 것처럼 여겨집니다. 또한 핵전쟁은 눈앞에서 일어난 적이 없다는 점, 즉 핵전쟁은 이야기하거나 글로 쓰는 일로 밖에 가능하지 않다는 의미에서도 이 현상은 이야기 텍스트적입니다. (…) 핵전쟁은 그 자체로 한 번도 일어난 적이 없는 하나의 비=사건입니다. 1945년 원자 폭탄의 폭발은 하나의 '고전적인' 전쟁을 종결시킨 것이지, 핵전쟁을 발발시킨 것이 아닙니다. 핵분쟁의 두려운 '리얼리티'는 담론이나 텍스트를 통해 어디까지나 <u>의미될</u> 뿐인 지시대상이고, (과거 또는 현재에) <u>실재하는</u> 지시대상은 아닙니다.

이 강연은 동시대에 공개한 할리우드 영화 두 편을 연상시킨다. 하나는 프랜시스 포드 코폴라Francis Ford Coppola[1] 감독의 〈지옥의 묵시록Apocalypse now〉(1979)이다. 데리다의 강연 제목에서는 코폴라의 작품이 묘사한 '고전적인' 전쟁으로부터 '핵전쟁'을 명확하게 구별하려는 의도와 더불어, '핵시대'에 〈지옥의 묵시록〉을 촬영한 코폴라의 시대착오를 야유하려는 의도를 엿볼 수 있다. 데리다가 보기

[1]
프랜시스 포드 코폴라(1939~): 미국의 영화감독. 오스카상을 5번, 황금종려상을 2번 수상했다. 〈사랑도 통역이 되나요?〉의 감독 소피아 코폴라의 아버지이자 니콜라스 케이지의 삼촌이다. 대표작으로는 〈대부〉, 〈레인메이커〉 등이 있다.

에 핵시대의 특유한 '묵시록'은 '지금'의 한복판에서 실현되는 것 (apocalypse now)일 수 없다. 반대로 '지금'은 순수하게 '의미될' 뿐이며 결코 실재할 수 없는 것(no apocalypse), 즉 '지금이 아닌'(not now) 시점으로 늘 연기하는 것밖에 될 수 없다는 말이다.

데리다의 강연이 연상시키는 또 하나의 작품은 존 바담John Badham[2] 감독의 〈위험한 게임War games〉(1983)이다. 코폴라의 작품과는 달리 데리다 본인이 언급한 적이 없기 때문에, 강연 전해에 상영은 했지만 그가 이 작품을 알고 있었는지조차 확실하지 않다. 하지만 앞에서 인용한 구절을 더욱 잘 이해하는 데 이 작품만큼 도움이 되는 것은 없을 것이다. 〈위험한 게임〉은 한 소년이 집에 있는 컴퓨터로 해킹을 하다가 미국 국방성 군사 컴퓨터 안의 '전면적인 핵전쟁' 프로그램을 자기도 모르는 사이에 작동시키고 만다는 이야기다.

앞의 인용에서 데리다는 핵무장의 '이야기 텍스트성'에 두 가지 측면이 있다고 언급하는데, 그 하나는 핵무장이 언어 활동적인 시스템에 의존한다는 측면이다. 극단적으로 말하면, 인터넷 해킹으로 프로그램을 작동시키는 것은 철저하게 언어 활동적인 과정이며, 이

[2]
존 바담(1939~): 영국 출신의 영화감독. LA 유니버셜 스튜디오의 우편물 담당 직원에서 시작해 캐스팅 디렉터로 승진한 경력을 바탕으로 영화에 관해 모르는 것이 없다고 알려져 있다. 대표작으로는 〈전선 위의 참새〉, 〈토요일 밤의 열기〉, 〈드라큘라〉 등이 있다.

로써 핵무기 자체에 시동을 걸 수 있다는 말이다. 작품 전반부에서 소년이 군사 컴퓨터(소년 자신은 당초에 게임 회사의 컴퓨터라고 오인한다)에 침투하기 위해 패스워드를 찾아 가는 모습을 그리는데, 거기에서 소년이 동원하는 것은 과학 기술이나 군사 외교의 전문 지식이 아니라, 여자 친구와 의견을 나누거나 도서관에서 과거의 신문 기사를 열람하는 순전한 언어 활동 능력이다. 즉 인간이라면 누구나 갖고 있는 일반 지성, 자격을 묻지 않는 아마추어의 능력인 것이다. 작품 후반에서 프로그램의 폭주를 멈추려는 소년이 필요로 하는 것은 결코 전문 지식 같은 것이 아니다. 어떤 전략을 구사해도 '승리자 없음'이라는 결과밖에 얻을 수 없다는 것을 컴퓨터에게 학습시키고, 전쟁을 계속하는 것은 '덧없다'는 것을 깨닫게 하는 것, 즉 지극히 일반적인 지적 능력을 동원할 뿐이다. '무자격'이 지닌 이러한 힘은 과학자나 기술자가 아니라 단지 평범한 고등학생을 작품의 주인공으로 설정함으로써 더욱 뚜렷하게 두드러진다.

또한 데리다는 '비=사건'으로서의 '핵전쟁'이라는 또 하나의 측면을 통해 핵무장이 이야기 텍스트적인 현상임을 파악해 낸다. 핵무장은 '핵전쟁' 자체의 실현이 연기되는 동안에만 유지되는 순수한 언어 활동 공간에서만, 다시 말해 단지 '의미될' 뿐인 '핵전쟁'에 의해 미래의 어떤 시점에 매달려 있는 동안만 존속하는 언어 활동 공간에서만 유효하다. 데리다가 히로시마와 나가사키라는 과거의 경험과 기억을 '핵시대'의 구성 요소에서 떼어 놓는 이유는 여기에 있다.

실제로 1980년대 전반에 나왔던 미소 양 진영의 주요한 핵전략은 '전면적인 핵전쟁'이라는 비전에 입각한 구상이었다고 할 수 있을 것이다. 〈위험한 게임〉에서도 항상 미래라는 시점으로 연기되는 것은 '전면적인 핵전쟁'일 뿐이며, 핵무기의 국지적인 사용이라는, 이미 '실재하는' 현상의 반복은 아니다. '전면적인 핵전쟁'이 늘 아슬아슬하게 실현될 듯 말 듯한 지점이 바로 '이야기 텍스트' 자체로 존재하는 작품이 전개되어 나가기 위한 조건이다. 거꾸로 말하면 이 작품이 끝나기 위해서는 '전면적인 핵전쟁'이 실현되든지, 아니면 어떤 이유로든 비=사건이 언어 활동 공간을 지탱할 힘을 잃어버리는 수밖에 없는 것이다.

그런데 데리다의 강연은 핵무장의 '이야기 텍스트성'에 대해 존 바담이 그려 내지 못한 세 번째 측면을 다음과 같이 지적한다.

핵전쟁이 이야기적이라고 할 수 있는 것은 단지 이야기하는 것밖에 가능하지 않기 때문이 아니라 기술의 눈부신 세련미sophistication가 (…) 더할 나위 없이 고풍스러운 궤변술sophistique과 본질적으로 일체화되어 진행되기 때문이다.

요컨대 끊임없이 기술 혁신이 이루어지는 핵무기 자체도 지극히 이야기 텍스트적이라는 말이다(핵무기=텍스트). 핵억제 전략에서 중요한 것은 자신이 핵무기를 갖고 있다고 상대방에게 믿게 하는 것이지, 실제로 핵무기를 갖고 있는지 아닌지는 2차적인 문제다. 즉 핵무기는 상대방을 설득하기 위해 스스로 장난 같은 궤변을 보강하는 것으로서만 의미를 지닌다는 말이다. 데리다가 볼 때 핵미사일missile의 배치는 상대방을 설득하기 위해 편지missive를 발송하는 것과 다를 바 없다. 이리하여 데리다는 핵시대의 '지금'을 순수하게 이야기 텍스트적인 장場으로 묘사하고, 거기에서 전문 지식에 대한 일반 지성의 우위, 즉 아마추어의 비판적 개입이 실효성을 갖는 조건을 발견한 것이다.

적보다 앞서
미래를 선취하라

로버트 저메키스Robert Zemeckis[1] 감독의 작품 〈백 투 더 퓨처Back to the future〉(1985)는 대히트를 기록하고 속편 2, 속편 3을 계속 제작했지만, 이 속편 두 편은 당초 3시간 반이 넘는 한 편의 대작으로 구상해 '패러독스'라는 새로운 제목을 붙일 예정이었다. 왜 '패러독스'였는지는 말할 필요도 없다. 첫 작품의 제목에 있는 '미래로 돌아온다', '미래로의 귀환'이라는 표현이 별스러운 패러독스였기 때문이다.

처음부터 어째서 저메키스는 이 작품에 '미래로의 귀환'이라는 제목을 붙였을까? 주인공인 마이클 J. 폭스Michael J. Fox가 연기하는 고등학생 마티 맥플라이는 친하게 지내던 괴짜 발명가가 개발한 타임머신을 타고 부모님이 처음 만난 시대(1955)로 훌쩍 날아간다. 주인공은 거기에서 뜻하지 않게 오이디푸스 왕처럼 행동하게 된다. 즉 어느새 부친을 앞질러 부친 대신 모친과 사귀게 되는 엉뚱한 사태에 빠진 것이다. 그러나 프로이트에 따르면 이미 '초자아'를 획득한 주인공은 간신히 근친상간의 위기를 피하고 부친과 모친이 결합하도록 하는 데 성공한다. 그래서 또다시 타임머신에 올라타고 1985년으로 돌아온다. 결국 '미래로 돌아온다'는 것이다.

흥미로운 점은 30년 전으로 날아간 주인공이 1985년이라는 '미래'의 사건 전부를 단순한 '미래형'이 아니라 영어 문법의 미래완료(will have done), 프랑스어 문법의 '전미래前未來', 이탈리아어 문법의 '선립미래先立未來'라는 특수한 시제를 통해 이야기하지 않으면 안 된다는 것이다. 요컨대 미래의 사건을 모두 과거의 것으로 이야기해야만 하는 것이다.

전미래와 선립미래의 이 같은 용법은 정치철학자 안토니오 네그리를 떠올리게 한다. 1990년대 전반에 그가 망명중인 파리에서 편집을 맡고 있던 잡지의 이름은 *Futur antérieur*, 글자 그대로 '전미래'였다. 또한 15년에 가까운 망명 생활을 접고 이탈리아로 귀국할 때 간행한 저작의 제목은 《미래로의 귀환Retour vers le futur》, 즉 '백투 더 퓨처'였다. 1985년에 고등학생이 타임머신을 타고 날아간 1955년에서 다시 30년 뒤로 되돌아오는 것과 이탈리아에서 쫓겨난 철학자가 망명지인 파리에서 이탈리아로 다시 돌아오는 것에서 어떤 관계를 찾아낼 수 있을까? 흥미로운 문제이긴 하지만 이 자리

1
로버트 저메키스(1952~): 미국의 영화감독. 〈포레스트 검프〉로 골든 글로브, 아카데미, 미국감독협회에서 감독상을 받았다. 대표작으로는 〈캐스트 어웨이〉, 〈폴라 익스프레스〉, 〈콘택트〉, 〈죽어야 사는 여자〉 등이 있다.

에서는 파고들지 않기로 하자. 여기에서는 네그리가 항상 전미래로 이야기한다는 것 자체, 다시 말해 그의 사색이 늘 '미래로의 귀환'으로 존재한다는 것 자체를 문제로 삼고 싶다.

우선 알아 두어야 할 것은 네그리가 이야기하거나 글을 쓸 때 혁명을 위해서 이야기하고 혁명을 위해서 쓰는 것이 아니면 결코 이야기하거나 쓰는 법이 없다는 것이다. 물론 이것은 네그리뿐만 아니라 글 쓰는 일의 일반적인 본성이라고 할 수 있을지도 모른다. 여하간 네그리가 전미래로 글을 쓰는 일, 아니면 글을 씀으로써 미래를 '돌아가야 할 지점'으로 파악하는 것은 글 쓰는 일이 혁명을 위한 행위이기 때문이다.

네그리가 전미래라는 시제에서 찾아낸 주요 기능은 두 가지다. 하나는 '예시'이고, 또 하나는 '선취'다. 네그리는 마이클 하트와 함께 세계적으로 그 이름을 널리 알리게 된 유명한 공저《제국Empire》과 그 속편인《다중Multitude》을 저술했다. 《제국》은 '예시'의 책이고 《다중》은 '선취'의 책으로 간주할 수 있을 것이다. '예시'란 현재에서 미래의 맹아를 읽어 내어 미래 그 자체를 그대로 현재 안으로 소환하는 행위를 말한다. '선취'란 현재 안으로 소환한 미래를 적보다 앞서 자신의 것으로 삼는 행위를 말한다.《제국》에서는 '제국'(자본 아래로 사회 전체가 실질적으로 포섭당하는 것)이라는 미래 세계의 양상을 보여 주는 다양한 징후를 현재 세계 안에서 진단하고, 현재 자체를 이미 '제국'의 시대인 것처럼 그려 내는 것을 시도한다. 여기에 이어지는《다중》에서는 이렇게 예시된 미래인 '제국'을 혁명의 조건으로 선취하기 위해, 도래해야 할 주관성으로서의 다중이 현재 살아가는 우리의 이름으로 그려진다. 한마디로 우리는 이미 다중이라고 말하는 것이다.

우리가 살아가는 세계는 이미 '제국'적이고, 우리는 이미 다중이라고 주장하는 네그리의 논의에 대해 아카데미의 입장에서 반론하는 사람들이 있다. 그들은 세계는 아직 완전하게 '제국'이 되어 버린 것은 아니고, 온 세계 사람들은 다중이 아니라고 반박하지만, 이는 거의 의미가 없는 일이다. 그러한 반론은 네그리가 혁명을 위해 전미래로 글을 쓰는 것을 전혀 이해하지 못한 것에 지나지 않는다.

엄밀한 의미에서 네그리에 대해 '마르크스 레닌주의'를 언급해야 한다면, 그것은 혁명을 위해 전미래로 글을 쓴다는 행위가 바로 마르크스적이고 레닌적이기 때문이다. 마르크스가 《자본론》을 쓴 시대에 세계는 아직 그가 그려 낸 자본주의 단계에 도달해 있지 않았다. 그가 프롤레타리아 계급을 이야기했을 때 온 세계 사람이 '자신의 노동력 말고는 아무것도 가진 것이 없는 알몸뚱이 노동자'라는 입장에 놓여 있었던 것은 아니다. 마르크스는 현재 안에서 이끌어 낼 수 있는 미래적 '경향'을 분석해 냈고, 그 '경향'에 대응하여 도래해야 할 혁명적 주관성을 끌어냈다. 나아가 그는 '미래로의 귀환'이라는 곡예사적 시제의 회로를 통해 그 혁명적 주관성을 한꺼번에 현재 안으로 소환했다. 러시아 혁명은 망명지 스위스에서 돌아온 레닌에게 실로 '미래로 돌아오는' 사건이었다.

어느샌가 우파가 장악해 버린 '전위'의 깃발을 좌파가 되찾기 위해서는 전미래로 이야기하지 않으면 안 된다. 그럼으로써 미래로 돌아가지 않으면 안 된다. 네그리는 그렇게 우리에게 호소하며 스스로 실천해 온 것이다.

16

'테러'라는
꼬리표

27년간의 옥중 생활을 마치고 1990년에 석방되어 1994년 남아프리카공화국 대통령에 취임한 넬슨 만델라Nelson Mandela[1]는 많은 인종과 문화가 섞여 있어 '레인보우 네이션'이라고 불리는 남아공 국민의 통일을 위해 럭비를 지렛대로 선택하고, 국가대표 선수들과 교류하는 데 힘을 쏟아 1995년에 남아공에서 개최한 월드컵에서 기적의 우승을 이끌어 낸다. 클린트 이스트우드Clint Eastwood[2]의 〈우리가 꿈꾸는 기적: 인빅터스Invictus[3]〉는 이러한 이야기를 담고 있다.

그러나 작품이 다루는 정치적, 사회적 문제는 아파르트헤이트Apartheid[4]를 철폐한 이후의 인종적 화해와 그것에 기초한 '국민의 탄생'에 머무르지 않는다. 정치가나 매스컴의 선전에 의해 누구나 당연하게 '저것은 테러 행위다', '저놈은 테러리스트다' 라고 믿게 된 지 이미 10년이나 지난 시점에 발표되었기에 관객을 '테러리즘'의 미망迷妄으로부터 해방시키고자 하는 교육 영화라고도 할 수 있다.

이스트우드는 두 단계에 걸쳐 완만하게 교육을 진행한다. 제1단

계는 만델라와 아프리카민족회의African National Congress(ANC)의 당
원을 '테러리스트'라고 부르는 어리석음을 그대로 관객에게 제시
한다. 작품에서는 백인의 등장인물이 대통령으로 뽑힌 만델라와
여당이 된 ANC 당원들을 '테러리스트'라고 지칭하는 장면이 두
번 나온다. 그런데 두 장면 다 관객에게는 자신의 귀로 듣는 이 말
이 자신의 눈으로 보는 만델라를 비롯한 ANC 당원의 영상과 하나
도 일치하지 않는 어긋남의 감각을 불러일으킨다.

　1990년대 전반의 이른바 '국제 사회'의 공통적인 견해에 비추어
볼 때 '올바른' 쪽은 백인의 등장인물이었다. ANC 자체는 1990년
의 프레데릭 데 클레르크Frederik Willem de Klerk[5] 정권 당시 재합법화
된 이후 국제적으로 '테러 조직'이 아닌 것으로 인정받았지만, 만
델라를 비롯하여 ANC 구성원들의 이름이 미국의 테러리스트 리
스트에서 지워지는 것은 2008년까지 기다려야만 했다. 작품에서
묘사되는 바, 대통령 취임 후 만델라의 미국 방문은 미국 정부의
예외적인 입국 허가를 받아 처음으로 실현될 수 있었던 것이다. 누
구나 어처구니없는 일이라고 생각할 것이다. 이것이 이스트우드가
제공하는 교육의 입문편이다.

1
넬슨 만델라(1918~): 남아프리
카공화국 최초의 흑인 대통령
이자 흑인인권운동가. 종신형
을 받고 27년간 복역하면서 세
계 인권 운동의 상징적인 존재
가 되었다. 1993년에 노벨 평화
상을 받았다.

2
클린트 이스트우드(1930~): 미
국의 배우이자 영화감독. 〈석양
의 무법자〉 시리즈에 출연하여
큰 인기를 얻었다. 맬파소 프로
덕션을 설립해 〈용서받지 못한
자〉, 〈매디슨 카운티의 다리〉 등
을 제작하여 감독으로서도 높
은 평가를 받았다.

3
인빅터스: 정복되지 않는 자들,
정복 불가능을 뜻하는 라틴어.

이제 응용편이랄까, 실천편이라고 할 수 있는 제2단계에서는 작품 어느 곳에서도 '테러리스트'라는 말이 들려오지 않는다. 관객은 단지 영상과 마주 볼 것을 요구받을 뿐이다. 영상 속에 비치는 모습은 만델라도, ANC 당원도, 럭비 선수들도 아니다. 그들이 이야기의 '본류'를 이루고 있다면, 여기에서는 '지류'라고 할 사람들이 나온다. 이를테면 만델라가 경호원과 함께 산책하는 이른 아침의 거리를 전속력으로 질주하는 자동차, 월드컵 결승전 전날에 혼자서 운동장을 찾아가는 선글라스를 낀 남자, 결승전 당일 요하네스부르크 상공에 저공비행으로 침입하는 점보 여객기, 지저분한 포대를 어깨에 두르고 순찰차 쪽으로 다가가는 흑인 소년과 같은 사람들이다. 이스트우드는 이름조차 없는 이들을 이야기의 본류를 이루는 요소와 똑같은 비중으로 (그들이 이야기의 본류로 언제 흘러들어도 어색하지 않다는 가능성과 함께) 화면에 등장시킨다.

'테러리스트일지도 몰라'라고 우리가 생각한 순간에 그들의 영상은 매끄럽게 변신한다. 자동차는 신문 배달을 위해 질주했고, 여객기는 대표 팀을 응원하기 위해 침입했으며, 선글라스를 낀 남자는 항공기 조종사로서 운동장 상태를 미리 점검하기 위해 그곳에

<hr>

4
아파르트헤이트: 전 국민의 16% 밖에 안 되는 백인이 흑인 등의 토착민을 차별했던 남아프리카 공화국의 극단적인 인종 차별 정책.

5
프레데릭 데 클레르크(1936~): 남아프리카공화국의 정치가. 대통령 취임 즉시 완전한 민주주의 정착을 선언하면서 인종 차별 정책을 완화하고 아파르트헤이트의 해체와 그에 관련된 법률의 폐지에 힘을 쏟았다.

들렸고, 소년은 경기 중계를 듣기 위해 순찰차에 접근한 것이었다. 그것 모두는 죄 없는 사람들의 결백한 행동에 지나지 않았다는 것을 한 점의 의혹도 없이 까발리는 것이다. 대표 팀이 우승하고 백인 경찰들이 헹가래를 치는 흑인 소년의 함박웃음을 목도하기에 이르렀을 때, 혹여 소년이 등 뒤에 폭탄을 메고 있지나 않았을까 하고 한순간일지언정 의심을 품었던 자기 자신을 부끄럽게 여기지 않고서는 배길 수 없을 것이다.

하지만 이스트우드의 가르침은 우리에게 테러리스트가 아닌 사람을 테러리스트라고 여기지 말라는 주의가 아니다. 오히려 누구라도 테러리스트라고 지목당할 수 있다는 것, 어떤 장면에도 '테러'라는 꼬리표를 붙일 수 있다는 것, 즉 '테러'와 '테러리스트'란 순수하게 가능성의 문제, 인물이나 장면이 지닌 순수한 잠재력의 문제라는 것이다. 그 잠재력이 미래의 위협으로 해석되는 한, 어떤 인물도 테러리스트가 될 수 있고, 어떤 행위도 테러가 될 수 있는 것이다. 이를테면 여객기를 대도시의 고층 빌딩에 충돌시켜 몇천 명이나 되는 사상자를 내는 행위는 그 자체는 (현실적인 차원에서는) 단순한 살인이지만, 그 잠재력이 미래의 위협으로 환원될 때 그것은 테러가 된다. '테러'와 '테러리스트'는 늘 이름을 붙이는 폭력이다. 만델라를 테러리스트라고 할 때와 동일한 어긋남이 영상과 음성 사이에 생겨나는 일 없이는 그 말들의 발화는 결코 일어나지 않는 것이다. "잠재적인 것은 트라우마를 가져다준다." 자크 데리다는 2003년에 간행된 《불량배들Voyous》에서 이렇게 썼는데, 이 말은 이스트우드와 매우 비슷하다. 2001년의 사건에 대해 데리다는 다음과 같이 서술한다.

> 9월 11일 미국과 세계가 트라우마를 입게 되었다는 것이 사실이라고 해도, 그것은 (…) 과거에 실제로 일어났던 사건, 바로 조금 전에 일어난 사건, 또다시 되풀이될 염려가 있는 사건이 빚어낸 효과로 인해 상처를 입었기 때문이 아니다. 더욱 심한 위협이 아직 도래하지 않았다는 부정하기 어려운 불안에서 기인한 것이다. (…) 다가올 최악의 사태는 미국의 국가 장치를 파괴해 버리는 위협적인 핵공격임에 틀림없다.

데리다의 이 논의가 이 책에서 이미 소개한 1980년대 전반의 핵무장론을 반복하고 있다는 점은 아주 흥미롭다. 핵무장론에서는 늘 미래로 미루어지는 전면적인 핵전쟁의 위협으로 인해 핵무장이 순수한 언어 활동적 현상(~하지 않도록 설득하기 위한 궤변술)으로서 활기를 얻게 된다고 한다. 오늘날의 '테러와의 전쟁'도 마찬가지다. 미소 양국을 중심으로 한 강대국(냉전기)은 물론, '불량국가'(클린턴 정권 시기)에만 한정되지 않고 국가라는 틀 자체를 뛰어넘어 핵이 확산되고 있다는 인식을 전제로 전개되는 테러와의 전쟁은 항상 '다가올 것'으로 상정된 어떤 위협에 대응하여, 미래 시점에 근거하여 확대되는 언어 활동적 공간 안의 행위로 파악되는 것이다. 데리다가 논하듯 냉전기에는 전면적인 핵전쟁이라고 상정했던 '다가올 최악의 사태'가 오늘날에는 미국의 국가 장치를 겨냥한 국소적인 핵공격으로 바뀌었다고 한다면, 우리는 미국의 국가 장치에 의해 테러리스트라고 이름 붙여질 때에만 테러리스트가 되기 때문이다.

'테러리즘'은 가장 부정적인 형태로 '자신의 신체가 무엇을 할 수 있는지 예측할 수 없다'는 우리 한 사람 한 사람의 잠재력을 역설적으로 긍정하는 미망이다.

17

절단 없는
흐름은 없다

장뤼크 고다르는 어느 인터뷰에서 다음과 같이 말했다.

> 사물은 늘 정면에서 촬영해야만 하며 정면에서 똑바로 보아
> 야 리얼하게 파악할 수 있다고 세상 사람들은 믿고 있습니
> 다. 에마뉘엘 레비나스Emmanuel Levinas[1] 같은 철학자조차
> 얼굴을 제대로 보면 그 사람을 죽이고 싶어지는 일은 있을
> 수 없다고 생각합니다. (…) 타자를 이해하기 위해서는 카메
> 라를 그 사람의 등 뒤에 놓고 얼굴을 보지 않도록 할 필요가
> 있습니다. 또한 그 사람의 이야기에 귀를 기울이고 있는 제3
> 자를 통해 그를 이해하도록 해야 합니다.

타자의 현실을 어떻게 하면 촬영할 수 있을까? 이 물음에 대해
레비나스와 고다르가 제안한 촬영 방법에는 두 가지 차이점이 있
다. 하나는 레비나스의 경우는 타자의 얼굴을 곧장 정면에서 포착
하는 데 비해 고다르는 타자를 등 뒤에서 찍는다. 또 하나는 레비

나스는 타자 한 사람만 프레임에 넣는 데 비해 고다르는 하나의 프레임에 두 명의 등장인물을 넣는다. 고다르는 왜 자신이 실감 있게 찍고 싶은 상대를 등 뒤에서 촬영할 뿐 아니라 같은 쇼트 안에 제 3자가 함께 찍히지 않으면 안 된다고 말했을까?

고다르 본인이 거론한 것은 아니지만 영화 장치 일반을 예로 들어 생각해 보자. 가령 레비나스에게 마음에 든 영화 작품이 하나 생겼는데, 그는 그 작품을 무척 사랑하는 동시에 될수록 리얼하게 파악하고 싶어 한다. 그때 레비나스는 어떻게 할까? 그는 작품의 필름을 영사기에 걸고 빛을 내뿜기 시작한 영사기의 렌즈 안을 정면에서 곧장 볼 것이다. 레비나스가 거기에서 보는 것은 결코 상像을 맺을 리 없는 흰색 빛에 지나지 않을 것이다. 한편, 고다르는 이런 행동을 틀림없이 바보 같은 짓이라고 말할 것이다. 그것이 아무리 선명하고 직접적인 것이라 한들, 상을 맺지 않는 빛을 보는 것이 그 작품을 리얼하게 포착하는 것이라고 할 수 없기 때문이다.

고다르가 보기에 레비나스는 스크린을 결여하고 있다. 사랑하는 작품을 리얼하게 파악하기 위해서는 영사기가 내뿜는 빛의 흐름이 스크린에 의해 차단되고 거기에 어느 정도의 상이 맺히지 않으면

1
에마뉘엘 레비나스(1906~1995):
리투아니아 출신의 프랑스 철학자. 서양철학의 전통적인 존재론을 비판하며 타자에 대한 윤리적 책임을 강조했다. 홀로코스트 이후 세계의 도덕성을 끊임없이 탐색한 철학자라는 평가를 받기도 한다.

안 된다. 빛의 흐름을 차단하는 것이 반드시 흔히 말하는 스크린이 아니어도 된다. 영화관의 대기 속에 떠도는 먼지, 임의의 벽이어도 좋을 것이다. 물론 동일한 영화를 투영할 때도 그 빛을 차단하는 물건의 형상이나 위치에 따라 거기에 맺히게 될 상은 달라질 것이다. 이것은 비록 통상적인 의미의 스크린에 의해 차단되는 경우라도 영사기가 내뿜는 빛의 흐름 전부를 파악하는 것은 불가능하고, 그 안의 특정한 측면만을 파악하는 데 그칠 수밖에 없다는 뜻일지도 모른다. 그러나 이들 전부가 진실이라고 해도 사랑하는 영화 작품을 리얼하게 파악하기 위해서는 빛의 흐름이 무언가에 의해 차단되지 않으면 안 된다는 것이 고다르에게는 진실이다.

질 들뢰즈와 펠릭스 가타리가 《안티 오이디푸스》의 맨 첫 장부터 표명하는 입장은 이상과 같은 고다르의 견해와 아주 가깝다. 들뢰즈와 가타리는 다음과 같이 말한다. —"흐름은 절단되는 일 없이 흐를 수 없다." "기계는 적어도 두 대가 아니면 작동하지 않는다." "현실이란 기계가 작동할 때 생산되는 효과를 말한다."—한마디로 차단막에 의한 절단은 영사기에서 빛의 흐름이 흐르는 것을 가능하게 하는 조건이며, 차단막에 접속하지 않고서 영사기는 조금도 작동하지 않는다. 현실이란 그러한 기계 두 대가 한 조가 되어 운동하지 않고서는 결코 생산될 수 없다는 말이다.

들뢰즈와 가타리의 이러한 논의는 수도승이자 수학자이기도 했던 루카 파치올리Luca Pacioli[2]가 15세기 말에 '복식부기partita doppia'[3]를 체계화해 놓은 이래, 오늘날까지 계승되어 온 회계학의 기초적인 지식을 바탕으로 삼고 있다. 모든 흐름을 출발점과 도착점이라는 두 가지 관점에서 이중으로 기술하는 복식부기의 '복식성'은 실로 들뢰즈와 가타리가 "기계는 두 대가 아니면 작동하지 않는다" 또는 "흐름은 단절 없이 흐르지 않는다"고 말한 그대로다. 나아가 흥미롭게도 복식부기에는 각각의 사건에 대해 '한쪽에 특정 금액을 기입하는 것은 다른 쪽에 동일한 금액을 기입하는 것을 반드시 동반한다'고 되어 있다. 이것은 영사 기계가 뿜어내는 빛의 흐름과 차단 기계에 의해 단절되는 빛의 흐름이 완전하게 동일하다는 것, 영사 기계와 차단 기계 사이에서 소실되는 것은 아무것도 없다는 것, 차단막에 비치는 것 자체만이 영사기에서 나온 것이고, 그 이외에 영사기에서 리얼한 것은 아무것도 나오지 않는다는 것을 가리키는 것은 아닐까? 다시 말해 타자의 리얼함은 맞장구를 치거나 대

<hr>

2
루카 파치올리(1445~1517): 이탈리아의 수학자. 1494년 산술, 대수, 삼각법에 관한 모든 지식을 집대성한 《산술집성》을 저술했으며, 이 책에서 처음으로 복식부기를 기술했다. 레오나르도 다빈치, 피에로 델라 프란체스카와 교우 관계에 있었다.

3
복식부기: 자본 및 재산의 가치 변동을 일정한 표현 기법을 통해 이중적으로 표시함으로써 오류를 점검할 수 있는 기능을 가진 장부 기록법.

답을 하는 행위를 통해 타자가 발신하는 언어의 흐름을 절단하는 제3자의 일거수일투족 위에 하나도 빠짐없이 비추어진다는 것이다. 따라서 제3자에 의한 절단 없이 애초부터 타자로부터의 흐름이 리얼하게 흐르는 일은 결코 없다.

들뢰즈와 가타리가 보기에 레비나스의 쇼트는 흐름의 리얼함을 파악할 수 없는 (또는 흐름을 리얼하게 흘러가게 할 수 없는) 단식부기[4] 같은 것이 될 것이다. 타자를 리얼하게 파악하기 위해서는 그 사람의 얼굴을 정면에서 보지 않으면 안 된다는 레비나스의 생각은 충분히 이해하기 어렵다. 특히 플라톤이나 하이데거로 대표되는 '철학사 주류의 전통'이나 나치즘과 격투를 벌여 온 그의 이력을 생각하면 더욱 그렇다. 하지만 적어도 여기에서는 '베니스의 상인' 시대보다 더 오래된 중세장원제 경제의 부기 방법으로서 체계화된 단식부기 모델을 20세기 한복판에서 부활시키고자 한다는 점이 눈에 띈다. 즉 자본제에 맞서 저항하려는 무정부주의적 경향을 읽어낼 수는 있는 것이다. 한편 들뢰즈와 가타리, 그리고 고다르는 자본제 시장경제 자체에 내재하는 앎을 미친 듯 날뛰게 하는 쪽으로 향해 갔다.

4
단식부기: 가계부처럼 일정한 원칙 없이 주로 금전과 재화의 증감만을 기록하는 간단한 장부 기록법.

그러므로 타자에 대한 리얼한 파악은 타자에게 몇몇 리얼함을 생산시킨다는 것과 다름없다. 리얼함을 생산하기 위해서는 타자가 제3자와 접속하지 않으면 안 된다. 〈아워 뮤직Notre musique〉[5]에서 고다르가 보스니아 사람과 크로아티아 사람을 마주치게 하는 모스타르Mostar[6] 다리 앞에 갑자기 인디언을 등장시키는 것은 실로 이런 의미를 내포하고 있다. 보스니아 사람과 크로아티아 사람은 'face to face'로 대면하는 한, 서로 상대를 리얼하게 파악할 수 없다. 각각이 제3자와 접속하여 쌍방에게서 몇몇 리얼함이 생산될 때 상호 이해가 시작된다. 이스라엘과 팔레스타인이라는 '톰과 제리'도 마찬가지다. 옛날에 사민당 의원이 말한 대로 톰과도 제리와도 친척 관계가 없는 일본은 인디언이 될 자격과 의무가 있는 것이다.

18

윤리는 카메라
위치의 문제

또다시 레비나스에 관한 이야기를 해보려고 한다.

얼굴은 콘텍스트 없는 의미다. 타인은 정면에서 그 얼굴이
포착되었을 때 콘텍스트 안의 등장인물이 아니게 된다. 보통
우리는 '등장인물'로서 살아간다. 소르본대학의 교수, 부수
상, 누구의 자식이라는 식으로. 여권의 기재 사항이나 복장,
사람 앞에서 하는 행동 같은 점에서도 우리는 '등장인물'이
다. 모든 의미 작용은 통상 특정한 콘텍스트와 결부되어 있
다. 사물의 의미는 다른 사물과의 관계에 의해 정해진다는
말이다. 그러나 정면에서 포착된 얼굴은 단지 그것만으로 의
미를 가진다. '너는 너다'라고.[1]

레비나스는 서로의 얼굴을 정면에서 포착하는 대면적 양자 관계
를 단위로 하는 집단 형성을 주창한 철학자다. 어떠한 콘텍스트에
도 의존하지 않고 서로 '너는 너다'라고 긍정할 수 있는 관계……

레비나스가 그러한 관계성을 구상하게 된 데는 그럴 만한 이유가 있다. 20세기의 다른 유대계 사상가와 마찬가지로, 그의 사색의 중심에는 홀로코스트에 대한 비판이 자리 잡고 있다. 사람들 사이에 '너는 너다'라고 긍정하는 계기가 결여되어 있었다는 데 대량 살인 행위의 원인이 있다고 보고, 레비나스는 이러한 '나쁜' 전통을 플라톤에서 하이데거에 이르는 철학사의 '주류파' 속에서 끌어내려고 한 것이다.

대표 저서의 하나인 《전체성과 무한Totalité et infini》(1961)에서 문제 삼은 것도 별다를 바 없다. 한마디로 어떠한 콘텍스트도 전제로 삼는 일 없이 '너'를 곧바로 '너'로서 긍정하기 위해, '너'를 어떻게 파악하면 좋은가라는 문제다. 책 제목에 있는 '전체성'이란 바로 '너'를 '등장인물'로 환원해 버리는 '콘텍스트'를 가리킨다. 반대로 '무한'이란 '너'가 '너'로서 긍정될 때 그 무엇과도 바꿀 수 없는 절대적인 타자성을 가리킨다.

《전체성과 무한》의 위와 같은 문제가 마치 영화의 촬영 기법을 둘러싼 문제(어디에 카메라를 둘 것인가, 어떻게 촬영할 것인가)처럼 논해지고 있다는 점이 흥미롭다. 실제로 이 책은 파노라마 쇼트[2]와

1
에마뉘엘 레비나스 《윤리와 무한Ethique et infini》(1982) 중. 한국에서는 동일한 제목으로 2000년(다산글방)에 출간되었다.

2
파노라마 쇼트: 폭넓게 보이는 자연 풍경, 수평선이 보이는 바닷가, 산골 마을, 도시 야경처럼 먼 거리에서 꽤 넓은 지역이 보이는 쇼트.

쇼트-리버스 쇼트[3]라는 제목을 붙여도 이상하지 않을 정도였다.
이 책의 결론에는 다음과 같은 구절이 있다.

> 보편적인 법이라고 하면 face to face의 대면이고, 이 대면은
> 외부의 모든 '촬영'을 거부한다. '보편적인 것은 face to face
> 의 대면'이라는 우리의 주장은 다음과 같은 생각에 대해 이
> 의를 제기하는 것이기도 하다. 다시 말해 존재는 어디까지나
> 파노라마, 즉 공존재로서 산출되며 face to face의 대면도 그
> 러한 파노라마, 공존재가 취할 수 있는 양상의 하나에 지나
> 지 않는다는 생각이다. 이 책은 실로 이러한 생각을 반박하
> 기 위해 쓰였다. face to face의 대면은 공존재의 한 양상이 아
> 니다. (…) 오히려 face to face의 대면이야말로 존재를 근원적
> 으로 산출한다. (…) 선善의 빛이 빛나는 것은 파노라마적으
> 로 부여된 집단의 익명성에 의한 것이 아니다. (…) 선은 어
> 디까지나 얼굴 속에 나타난 존재와 결부되어 있다. (…) 선
> 은 '나'에게서 유래한다. (…) 얼굴이 명령할 때 그 명령에 응
> 답할 수 있는 것은 '나'뿐이다.

3
쇼트-리버스 쇼트: 두 사람의
대화 장면에서 흔히 쓰이는 영
화 촬영 기법. 이야기를 하는 사
람과 듣는 사람이 마주 보고 있
을 때 그들의 얼굴을 번갈아 보
여 주면서 진행된다. 흔한 방식
이지만 미묘한 변주를 통해 창
조적인 결과를 만들 수도 있다.

레비나스는 같은 프레임 안에 다양한 사물과 사람들을 한꺼번에 집어넣으려고 하는 '전체성의 철학'인 파노라마 쇼트를 비판한다. 그 대신 한 사람 한 사람의 얼굴을 정면에서 클로즈업으로 잡고, 그 얼굴들을 마주 보는 관계에 두는 face to face의 쇼트-리버스 쇼트를 오로지 올바른 촬영 방법이라고 규정한다. 그리고 후자가 파악한 것은 전자가 (비록 파노라마 쇼트 안에서 사람들이 물리적으로 대면한 위치에 있다고 해도) 결코 포착할 수 없다는 점에 주의를 촉구하고 있다.

레비나스가 보기에 파노라마 쇼트가 지닌 문제점은 '다양한 것을 하나의 전체성 속에 통합해 버린다'는 것이다. '전체성의 철학'으로 이루어지는 파노라마 촬영은 각각 특이하게 존재하고 있는 다양한 '존재자들'을 '공존재'라는 하나의 콘텍스트 안에 '던져 넣어 버리는' 식으로 일괄적으로 묘사하는데, 그 때문에 존재자들이 지닌 존재의 다양성을 단일한 '공존재' 속에 통합해 버리고 만다. 그러한 파노라마적 사고에 따르면 존재자들은 그들보다 앞서 전제되어 있는 무언가의 포괄적인 콘텍스트 혹은 시나리오 안에서 역할을 할당받아 각자가 '등장인물'이 되지 않고서는 어떠한 집단도 형성할 수 없다는 말이 된다. 이 점에 대해 레비나스는 집단 형성의 원리인 '존재'는 존재자들보다 앞서 있는 것이 아니라 존재자들 한 사람 한 사람으로부터 내재적이고 개별적으로 이끌어 내지 않으면 안 된다고 반론한다. 레비나스가 보기에 '존재'는 한 사람 한 사람의 존재자 안에서 개별적으로 이끌어 낼 때야말로 집단 형성 원리라는 이름에 걸맞게 '너, 죽어서는 안 돼'라는 명령이 되고, 그로써 '선'에 의한 응답을 상대('나')에게 강요하게 된다. 존재자들을 한 덩어리로 같은 프레임 안에 던져 넣는 파노라마 쇼트 안에서 '너, 죽어서는 안 돼'라는 목소리가 울리는 일은 결코 없다. 파노라마적 풍경paysage을 존재자의 사람 수만큼 잘게 쪼개 각각의 얼굴visage을 정면의 클로즈업으로 포착한 쇼트를 서로 대면하도록 다시 몽타주할 때에야말로 명령과 응답의 필연적인 연쇄에 바탕을 둔 집단 형성이 비로소 가능해진다. 레비나스는 이와 같이 생각하는 것이다.

잉마르 베리만Ingmar Bergman[4]은 레비나스의 이러한 생각을 영화 장르에서 거의 동시기에 실천한 감독이라고 할 수 있다. 〈모니카의 여름Sommaren med monika〉(1953)에는 주인공 소녀 모니카가 카메

4
잉마르 베리만(1918~2007): 스웨덴의 영화감독. 〈제7의 봉인〉을 비롯해 전후 세계 영화의 금자탑으로 일컬어지는 여러 작품을 남겼다. 폭력과 성(性)을 통해 인간의 원죄를 철저히 쫓고, 신의 존재와 신의 구제 가능성을 탐구하며 독특한 작품 세계를 이뤘다.

라를 똑바로 응시하는 인상적인 장면이 있다. 여기에서 베리만에게 레비나스적인 것이 핵심을 이룬다는 점은 분명하다. 한마디로 그때까지 시나리오에 갇혀 '등장인물'로 살 수밖에 없었던 모니카를 그곳에서 해방시켜 그녀 자신으로서 스크린 위에 출현하도록 한 것이다. '존재=전체성' 속에 다른 존재자와 함께 내던져진 모니카에게 '존재=무한'을 돌려준 것이다. 시나리오를 찢어발겨 우리들 관객을 똑바로 응시하는 그녀의 시선은 '너, 죽어서는 안 돼'라는 명령이며, 이와 대면하는 '나', 즉 관객은 '선'에 의한 응답을 강요받고 있는 것이다. 모니카는 모니카다…….

그러나 우리는 복면을 쓰고 활동하는 것으로 유명한 사파티스타 민족해방군(EZLN)[5]이 다음과 같이 말하고 있다는 것도 알고 있다. "얼굴을 가림으로써 우리는 사람들 눈에 보이게 된다." 레비나스의 생각과는 정반대로 얼굴(맨얼굴)을 드러냄으로써 묵살당하거나 글자 그대로 학살당해 온 사람들 역시 실제로 존재하는 것이다.

[5]
사파티스타 민족해방군: 1994년에 멕시코 정부와 기업 등이 우민화 정책의 일환으로 원유, 천연가스, 목재 등의 자원을 착취하면서 부정부패를 일삼자 이에 반발해 멕시코 치아파스 지역의 원주민들에 대한 토지 분배와 처우 개선을 요구하며 봉기한 반정부 투쟁단체.

19

우리는 모두
마르코스다

넓은 의미에서 1990년대 후반부터 2000년대 전반에 걸쳐 전지구적인 규모로 활발해진 '대안 세계화 운동Alter Globalization'[1]은 사람들의 끊임없는 대이동을 그 특징으로 삼는다. WTO나 G8과 같은 정상 회담이나 각료 회의가 열릴 때마다 세계 각지의 사람들이 개최지로 달려가 대규모로 반대 운동을 벌였다. 이렇게 사람들이 몰려드는 것을 막기 위해 교통이 안 좋은 지역이 회의 개최지로 선정되고 있다는 것은 잘 알려진 사실이다. 이곳저곳에서 열리는 사회 포럼과 같은 집회에도 전 세계의 노동자나 학생, 활동가들이 속속 모여들었다. 특정한 지역에서 전개되는 개별적인 운동을 위해 방문하는 식의 이동도 있었다. 인터넷 등을 통해 사람들은 어떤 지역에서 어떤 운동이 전개되고 있는지 쉽게 알 수 있게 되었고, 운동도 글로벌 커뮤니케이션망을 적극적으로 이용했다. 그러한 운동 중 특별히 지대한 관심을 모은 것이 멕시코 치아파스 지역의 삼림 지대에서 선주민 해방 운동을 전개한 사파티스타 운동이었다.

사파티스타들이 인터넷 등을 통해 발신하는 언어는 치아파스에서 일어나는 일을 단지 '정보'로 전달하는 것과는 거리가 멀다. 그것은 대개 수사적 표현으로 넘쳐 나는 '시詩' 같은 것이었다. 이렇게 시적인 그들의 언어는 온 세계 사람들, 특히 젊은이들을 매료시켰고, 치아파스로 달려가 사파티스타의 활동에 직접 접촉해 보고 싶다는 마음이 들게 했다.

이것은 아마도 두 가지 측면에서 비롯되었을 것이다. 하나는 선주민족의 해방을 지향하는 운동이 어떻게 시와 공존할 수 있는가 하는 것이다. 사파티스타 운동이 단순한 권리의 요구가 아니라 생활 공동체의 자율적인 운영을 시험하는 운동이기도 하다는 점은 잘 알려져 있다. '일상생활의 전위'라고도 할 만한 가족 단위의 시도가 어떻게 시적인 것이 될 수 있는가를 자기 눈으로 확인해 보고 싶다고, 사파티스타 운동을 본 사람들은 강렬하게 이런 생각을 했다. 또 하나는 사파티스타가 발신하는 언어가 그 시적인 표현이나 유려한 문체 저편에 도대체 어떤 '진실'을 담고 있을까 하는 흥미를 유발했다. 인터넷을 통해 유포된 그들의 언어는 누가 보더라도 '정보'의 투명성을 결여하고 있기 때문에 세계 각지에서 그것을 팔로우follow하는 사람들은 마치 그들과 치아파스 땅 사이에 안개

1
대안 세계화 운동: 경제의 글로벌화로 인한 부정적 영향 등에 반대하는 전세계적 사회 운동. 경제 정의, 환경 보호, 노동자 권익 보호, 인권 향상 등을 주장한다.

가 끼어 있는 것처럼, 또는 그들과 사파티스타 사이에 차단막이 가로놓여 있는 것처럼 느껴졌다. 레토릭으로 수놓은 '글쓰기 언어=문자'가 아니라 사파티스타 한 사람 한 사람에게 직접 그들의 '말하기 언어=육성'을 듣고 싶다고, 사람들은 그렇게 생각했다.

차단막이 되는 언어라는 제2의 측면은 사파티스타가 적어도 공공연하게 활동할 때 늘 복면을 쓰고 있다는 것과 연동한다고 할 수 있을 것이다. '글자'는 '육성'을 차단하는 것인 동시에 복면도 사파티스타의 '맨얼굴'을 차단한다는 말이다. 글자와 복면은 이렇게 이중의 차단막을 형성하고, 그 배후에 '육성'과 '맨얼굴'을 감추는 것처럼 기능하는 것이다.

그러나 실제로 치아파스를 방문했던 사람들은 다음과 같은 '진실'을 발견하게 되었다. '글자의 배후에 육성은 없고, 복면의 배후에 맨얼굴도 없다.' 더욱 정확하게 말하면 글자와 복면으로 이루어진 특이한 오디오=비주얼 장치야말로 사파티스타 운동 그 자체라는 것이다. 나아가 사파티스타 자신이 이 점을 자각하고 있을 뿐 아니라 그것을 운동의 중심적 전략으로 규정하고 있다는 것이다. 실제로 치아파스를 방문한 사람은 사파티스타의 맨얼굴을 촬영하거나 지정된 장소 이외에서 그들의 육성을 녹음하는 것을 엄격하게 제지당했다. 운동에 관한 질문에 대해 대답하는 곳이 '설명위원회'로 제도화되어 있고, 거기에 미리 질문 리스트를 제출하고 나서야 비로소 취재를 허가받았다. 그러나 복면을 쓴 설명위원들이 '육성'으로 들려준 대답은 인터넷으로 이미 알려진 '글자'를 한 글자도 틀리지 않게 봉독하는 것에 지나지 않았다. 맨얼굴과 육성을 기록하고 구성하는 것을 '다큐멘터리'라고 부른다면, 사파티스타 운동에 대한 다큐멘터리는 단적으로 말해 불가능했다. 오히려 글자와 복면으로 구성된 운동으로서 사파티스타 운동에 관한 다큐멘터리가 가능하다면, 그것은 이른바 '픽션의 다큐멘터리'가 될 수밖에 없을 것이다.

사파티스타는 세계에 대해 맨얼굴을 드러내고 육성으로 호소하는 방식으로 무언가가 실현 가능하다고 믿지 않는다. 그들은 다큐멘터리를 믿지 않는다. 픽션의 힘을 믿는 것, 픽션의 힘에 입각해서 운동을 전개하는 것, 여기에 사파티스타 운동의 참신함이 있다. 픽션을 이야기하면서 살아갈 때야말로 사람은 리얼한 무언가를 생산하는 것이다. 그들은 다음과 같이 말한다.

우리가 복면을 쓰기로 결정한 것은 사람들에게 우리가 보이지 않았기 때문입니다. 인디언은 눈에 보이지 않는 것, 존재하지 않는 것이었습니다. 역설적이지만, 우리는 얼굴을 감추어야 비로소 눈에 보이게 됩니다.

육성과 글자에 대해서도 마찬가지일 것이다. 육성은 유려한 문체가 가득한 글쓰기 언어를 봉독할 때 비로소 사람들의 귀에 '들리는 소리'가 되는 것이다. 글자와 복면의 오디오=비주얼에 의한 픽션화를 통한 가시화와 가청화의 과정이 특이성을 개체성(이른바 '개성')으로부터 절단하고 집단성에 다시 접속시키는 또 하나의 과정, <u>집단적인 특이화의 과정</u>과 연동한다는 점은 매우 흥미롭다. 사파티스타 운동에는 마르코스Marcos[2] 부사령관이라 불리는, 리더처럼 보이는 사람이 존재는 하지만, 모든 사파티스타가 복면을 하고 같은 글자를 육성으로 반복함으로써 누가 마르코스인지 결코 알 수 없는 상황이 생겨난다. 이는 '오리지널' 마르코스에 '복제' 마르코스들이 동일화된다는 사태와는 전혀 관계가 없다. 이는 음성과 영상으로 이루어진 하나의 특이한 구성이 집단적으로 창조되고 공유

[2]
마르코스(1957~): 사파티스타 민족해방군의 부사령관이자 실질적인 지도자. 반란 초기에는 무장 투쟁을 전개했으나 이후 인터넷을 통해 '언어의 전쟁'을 벌이면서 각종 성명을 발표했다. 지적인 이미지와 투쟁 정신을 높이 평가받아 멕시코의 체 게바라라는 명성까지 얻었다.

되고 있다는 것을 뜻한다. 여기에서 시라토 산페이白土三平[3]의 만화 자체를 접사하여 그 영상을 재구성하고 등장인물들의 대사를 더빙하여 제작한 오시마 나기사大島渚[4]의 〈닌자 무예장忍者武芸帳〉(1967)이라는 작품이 머리에 떠오른다. 닌자이자 혁명가인 가게마루가 몇 사람으로 증식해 가는 모습을 그린 이 작품은 다음과 같은 내레이션으로 막을 내린다. "도대체 누가 가게마루냐고? 우리 모두가 가게마루다." 여기에서 '우리'는 '사바티스타=닌자'만을 지칭하는 것은 아니다. 그들과 동시에 온 세계의 모든 사람들을 말려들게 하는 집단적인 특이성을 창조하고 공유하는 과정인 것이다. 그렇기 때문에 마르코스도 다음과 같이 말한다.

마르코스가 누구인지, 눈만 빠끔이 내놓은 모자 안에 숨은 것이 누구인지를 알고 싶다면, 손에 거울을 들고 자기 얼굴을 쳐다보십시오. 거기에 보이는 얼굴, 그게 바로 마르코스의 얼굴입니다. 우리는 모두 마르코스니까요.

3
시라토 산페이(1932~): 일본의 만화가. 닌자를 다룬 작품으로 인기를 얻었다. 작품에 드러난 마르크스주의와 유물사관의 경향이 호평을 받으며 만화 평론을 낳는 계기가 되었다. 아동 만화에 중후한 드라마, 리얼리티, 이데올로기를 등장시켰다고 평가받는다.

4
오시마 나기사(1932~2013): 일본의 영화감독. 새로운 형식의 실험과 날카로운 주제 의식을 바탕으로 독특하고 강렬한 작품을 내놓았다. 주로 젊은이의 방황과 고뇌, 재일 교포 문제와 같은 사회적 차별이나 국가 권력의 폭력성, 좌절한 이상주의 등을 다뤘다.

20

이념을 갖고
산다는 것

연금 개혁에 대한 운동이 프랑스 전국에서 전개되고 있다. 2010
년 상반기 동안 노조 연합이 호소하는 가운데 대규모의 데모와 파
업이 빈번히 일어나고 있지만, 니콜라 사르코지Nicolas Sarkozy 정권
과 여당인 UMP(국민운동연합)는 귀 기울이기를 단호히 거부하면서
연금을 받을 수 있는 퇴직 연령을 60세에서 62세(전액 지급은 65세
에서 67세)로 올리는 법안을 결코 재검토하려 들지 않았다.

이 글을 쓰는 2010년 10월 하순 현재, 개혁 법안이 드디어 국민
의회(하원)와 원로원(상원)에서 최종적인 가결에 부쳐진 가운데, 반
대 운동은 체념하거나 진정되기는커녕 더욱 규모를 확대시키고 있
고, 데모나 파업뿐만 아니라 간선 도로나 항구, 정유소까지 봉쇄하
고 있다('법안의 가결 이후'인 11월 6일에도 전국적 데모가 이미 예정되어
있다). 또한 이제까지 반대 운동에 참가하지 않았던 고등학생이나
대학생도 행동을 개시하여 적지 않은 고등학교와 대학이 바리케이
드로 봉쇄당하기에 이르렀다.

학생들, 특히 고등학생의 참가는 사람들을 크게 놀라게 했는데,

이는 반대 운동의 특징을 체현하는 것처럼 보였다. 그들이 행동에 나선 이유는 평생을 계속 일해야 하는 인생은 싫다든가, 앞 세대의 취업 기간이 늘어나면 자신들의 취업 기회가 박탈당하니까 곤란하다 등의 이유 때문일 것이다. 그러나 한번 그들이 행동을 일으키자마자 "연금 개혁은 아직 취직도 안 한 고등학생과 관계가 없다. 고등학생에게는 이 문제를 논할 자격이 없다"와 같은 의견이 단번에 프랑스 국내에 퍼져 나갔다. 여기에는 젊은이가 일으킨 최근의 운동, 즉 2005년 가을에 프랑스 여러 도시에서 일어난 젊은이들의 반란과 2006년 봄의 대학 봉쇄를 중심으로 한 CPE(최초고용계약정책)[1] 반대 행동 등에 대한 부정적 평가도 은연중에 내포되어 있다. 이런 의견은 법안을 무리하게 통과시키려는 쪽뿐만 아니라 반대 운동의 확산으로 자신들이 통제할 수 없게 된 것을 걱정하는 노조 지도자들도 내놓았다. 학교 봉쇄나 국회 앞 항의 행동 등 고등학생들의 운동이 급진적이 된 원인은 그들의 개입을 봉쇄하려는 이런 의견 때문이기도 하다. 어떤 문제에 대해서든 길거리에서 목청 높여 외칠 권리는 누구에게나 있다. 고등학생들은 그렇게 주장했던 것이다.

거리에 나갈 권리를 추구하는 고등학생들의 이러한 행동은 이번

[1]
CPE: 고용인이 26세 이하의 피고용인을 채용 후 2년간의 수습 기간 동안에 정당한 사유가 없어도 해고할 수 있게 하는 프랑스의 고용유연화 정책. 2006년 4월 말에 시행 예정이었으나 노동조합과 시민들의 대규모 반발 시위로 인해 철회되었다.

투쟁의 특징을 부각시켰다. 사르코지는 '1968년 5월[2]과의 결별'을 정책의 하나로 내걸고 대통령에 취임한 인물이었다. 연금 개혁 반대 운동의 움직임이 아무리 대규모라고 해도 조금도 귀를 기울이지 않는 완고한 태도는 거리의 목소리를 목소리로 절대 인정하지 않겠다는 그의 '공약'을 그대로 충실히 실천에 옮긴 것이다. 그러나 프랑스의 근현대사를 관통해 온 거리의 전통에 종지부를 찍겠다고 주장하고 그것을 실천하려는 대통령이 등장함으로써 오히려 '1968년 5월'에 비견할 만한 규모로 거리는 다시 한 번 역사의 무대가 되었다. 이번 투쟁은 사르코지 정권과 거리의 목소리의 직접 대결 양상을 띠었고, 그 와중에 의회의 야당 세력(특히 사회당)은 거의 존재하지 않는 듯한 수준으로 떨어지게 되었다.

2007년 사르코지 대통령 취임 해에 간행된 알랭 바디우Alain Badiou[3]의 《사르코지는 누구인가?De quoi Sarkozy est-il le nom?》는 난해하기로 유명한 철학자의 저작으로는 지극히 예외적으로 3만 부를 넘는 베스트셀러를 기록했다. 이 책에서 알랭 바디우는 1789년 혁명 이래 프랑스 역사를 통틀어 서로 길항하는 두 가지 주된 원동력을 그려 내고 있다. 하나는 1815년의 왕정복고[4], 제2차 세계대전 때

2
1968년 5월: 대학생 시위가 드골 정부의 탄압을 받은 것에 분개해 각지의 청년과 근로자들이 합세한 투쟁. 5월 혁명 또는 68혁명으로 불린다. 파업, 공장 점거, 대규모 시위 등을 통해 구시대적 사상과 사회적 모순의 타파, 인간 소외의 해결 등을 주장했다.

3
알랭 바디우(1937~): 프랑스령 모로코 출신의 철학자. 반플라톤주의에 정면으로 대응하는 플라톤주의의 수호자로 평가받는다. 68혁명 이후 혁명에 미온적이었던 알튀세르와 결별하고 전투적인 마오이즘을 받아들여 치열하게 고민한 결과로 《존재와 사건》을 집필했다.

의 비시Vichy 정권[5]과 같은 형태로 역사상에 그 모습을 드러내 온 힘, '세계 표준'으로 간주되는 것에 종속 또는 타협하는 것을 '쇄신', '혁명', '단절'이라면서 추진하려는 힘이다. 바디우는 이 힘을 자기 식으로 '페탱[6]주의'라 부르고, 신자유주의에의 종속을 '과거와의 단절'이라는 이름으로 실행하려는 사르코지도 이러한 '페탱주의'의 발로라고 본다. 또 하나의 힘은 프랑스 혁명, 인민전선, 1968년 5월 같은 형태로 프랑스의 근현대사에 활기를 불어넣어 온 힘, 자크 데리다가 후기 저작에서 '마르크스의 망령'이라고 이름 붙인 힘이다. 바디우는 이를 '코뮤니즘의 이념'이라 부른다.

바디우의 생각을 빌자면, 연금 개혁을 둘러싼 프랑스의 투쟁, 사르코지 정권과 거리 사이의 직접 충돌(그리고 의회 반대파가 사실상 게임 바깥에 놓이는 상태)은 실로 프랑스의 근현대사를 꿰뚫는 두 가지 주요한 힘의 직접 대립, 즉 다시 회귀한 '페탱주의'와 몇 번이나 회귀하는 '코뮤니즘의 이념' 또는 '마르크스의 망령' 사이의 직접적인 부딪침, 그 자체라고 할 것이다.

《사르코지는 누구인가?》는 바디우가 쓴 상황론 시리즈 가운데 제4권에 해당하는데, 2009년에는 제5권 《가설로서의 코뮤니즘

4
1815년 왕정복고: 1815년 나폴레옹이 워털루 전투에서 패한 후 프랑스가 다시 부르봉 왕가의 왕정으로 돌아간 사건. 망명 귀족과 성직자 등 구체제의 수혜자들이 특권을 회복하며 프랑스 혁명의 성과를 완전히 무시하는 시대착오적 행태를 자행했다.

5
비시 정권: 제2차 세계대전 중인 1940년부터 1942년까지 나치 독일의 점령 아래 있던 북부를 제외한 남부 프랑스를 다스린 친독 정권.

6
필리프 페탱(1856~1951): 프랑스의 군인이자 정치가. 제1차 세계대전 때의 공적으로 한때 프랑스의 국부로 칭송받았지만, 제2차 세계대전 당시 비시 정부의 주석 자리에 올라 나치 독일에 협력하여 프랑스 국민들의 공공의 적으로 지목되어 종신형을 선고받았다.

L'Hypothèse communiste》을 간행했다. 제4권에서 제시한 '코뮤니즘의 이념'이라는 문제를 다시금 책 전체의 중심 테마로 놓고 더욱 자세하게 다루고 있다. 바디우의 논의를 소개하면 다음과 같다. 우리의 적은 자본주의와 대의민주주의라는 쌍을 유일하게 가능한 사회 체제라고 선전하고, 그 밖의 체제는 불가능하다고 단정함으로써 '이념을 갖지 않고 살아가는 일'을 우리에게 강요하려고 한다. 여기에 대해 '참답게 사는 것'이란 '이념을 갖고 살아가는 일'이 가능하다느니 불가능하다느니 하면서 적이 고정적으로 그어 놓은 경계 구획을 밑바닥부터 뒤흔드는 것, 그렇게 해서 찾아낸 새로운 가능성을 역사의 한복판에서 구체적으로 실현해 가는 것이다. 새로운 가능성이 드러나는 것은 '사건'(바디우 자신에게는 특히 '1968년 5월')에 의해서인데(객관성), 그 가능성이 구체적으로 실현되는 것은 우리 한 사람 한 사람이 그 실현의 과정에 자신의 몸을 던지는 '결의'에 의해서(주관성) 시작될 따름이다. 그러한 '결의'의 순간에 각자가 행하는 로컬한 활동(이를테면 상점가에서 삐라를 살포하는 일)은 그 어떤 것이라도 곧장 세계사 전체의 '가설'의 실현 과정 자체를 체현하는 것이 된다.

그러므로 연금 개혁에 관한 사르코지 정권 대 거리의 목소리의
대립은 이념을 갖지 않고 살아갈 것인가, 아니면 이념을 갖고 살아
갈 것인가, 이 양자가 직접 부딪치는 일이기도 하다.

21

‘표현’보다
‘인상’의 자유를

　장뤼크 고다르의 〈필름 소셜리즘Film socialisme〉에서 패티 스미스는 다음과 같이 노래한다. “숭고하도다. 인생의 조감도를 바람으로 그리다니!” 다른 등장인물도 이렇게 말한다. “가미카제 특공대가 일본어로 무엇을 의미하는지 알아? 바람에 신이 머물고 있다는 뜻이라구.” 〈필름 소셜리즘〉은 ‘바람’의 영화다. 영상 속을, 그리고 영상 곁을 바람이 지나가고 마지막으로 영상 그 자체가 바람이 된다. 그러나 동시에 바람을 가로막는 것, 절단하는 것이 무엇인지를 묻는 작품이기도 하다.

　〈필름 소셜리즘〉을 프랑스에서 공개했을 때 파리에서 한 번 고다르 본인을 불러 특별 상연회를 열었다. 그 자리에서 그는 이 작품에 대해 ‘인상의 자유’라는 이야기를 했다.

　표현의 자유는 누구라도 이미 갖고 있습니다. 갓 태어난 아이조차 ‘으앙’ 하고 자기를 표현하니까요. 중요한 것은 오히려 ‘인상의 자유’입니다.

‘자유’에 대한 문제로서 고다르가 표현expression이 아니라 인상 impression을 강조할 때 거기에는 적어도 두 가지 다른 것에 관한 물음이 개입하고 있다.

첫째로 인용, 복제, 카피와 그 사용을 둘러싼 문제, 즉 이른바 ‘지적 재산’의 공유를 둘러싼 문제가 있다. 영어와 마찬가지로 프랑스어의 ‘impression’에도 ‘인쇄’라는 뜻이 있다. ‘인상의 자유’는 ‘인쇄의 자유’이기도 한 것이다. ‘표현’의 자유는 누구나 갓난아기 때부터 행사한다. 따라서 진짜 문제는 다른 사람이 드러내는 다양한 표현을 자유롭게 ‘인쇄’하고 사용하는 일이며, 그것을 ‘정의’로운 행동으로 실천하는 것이다. 〈필름 소셜리즘〉의 마지막 대목에서 고다르가 미국제 DVD 등에 반드시 붙어 있는 FBI의 저작권 경고 표시 화면을 마치 ‘인쇄’한 것처럼 질 안 좋은 화질로 인용하고, 그에 이어 “법에 정의가 없을 때는 정의가 법에 앞선다”는 문구를 화면 위에 제시하는 것은 바로 이런 의미를 담고 있다.

프랑스에서 〈필름 소셜리즘〉을 상영할 무렵, 잡지《레 쟁록큅티블Les inrockuptibles》에 고다르의 인터뷰 기사가 실렸다. 거기에서도 고다르는 인터넷 상의 ‘지적 재산’을 둘러싸고 프랑스에서 진행하고 있는 법제화의 움직임에 대해 "저작자에게 권리 같은 것은 없어요. 있는 것은 의무뿐이죠"라고 말하고, 이른바 '저작권'을 인정하지 않는 자세를 명확하게 표명했다. '인쇄의 자유'를 실천적으로 행사하는 것을 저작자=작가의 '의무'라고 규정한 것이다. '법에 앞선 정의'를 실천하는 일은 작가의 '의무' 자체라는 뜻이다.

둘째로 고다르가 말하는 '인상의 자유'에는 글자 그대로 '인상의 자유'라는 뜻도 들어 있다. 요컨대 다른 사람의 표현에 대해 독자적인 인상을 가질 자유다. 〈필름 소셜리즘〉에는 이것을 알기 쉽게 보여 주는 시퀀스가 있다. 고다르는 철학자 알랭 바디우를 초대하여 기하학에 대해 강연을 하도록 하는데, 시작하고 나서 30초도 안 되는 사이에 그 강연의 모습을 찍은 영상을 절단하고, 그 뒷부분을 보여 주지 않는다. 앞에서 인용한 잡지의 인터뷰에서 고다르는 이 절단을 예로 들어 "사람들이 '등장인물'이 되어 버리지 않도록 한다"고 이야기한다. 아마도 표현과 인상에 대한 고다르의 핵심은 바로 이 점일 것이다. 바디우의 '표현'보다 그에 대한 '인상'을 전면에 내세우는 것이다. 영상이 즉각 절단되어 버리기 때문에 관객은 바디우가 거기에서 무엇을 표현하고 있는지 하나도 알 수 없다. 결국 바디우의 표현을 포착한 영상이 어떤 가치를 지니고 있다고 한다면, 그것은 그의 표현이 단독으로 명시하는 가치가 아니라 그 표현에서 느낀 인상에 의해 새롭게 발견되는 가치인 것이다.

어떤 영상도 다종다양한 방식으로 절단할 수 있다. 그러한 절단을 통해 하나의 표현에 대해 다종다양한 인상을 만들어 내는 것이 가능하다. 그 가능성을 실험하는 것은 작가의 '의무'다. 그러나 고다르가 말하는 '인상의 자유'는 그 정도로 그치는 것이 아니다. 타인의 모든 표현에 대해 인상을 만들어 내는 것, 모든 사물과 현상에 대해 개입하는 것도 '인상의 자유'에 내포된 중요한 요소인 것이다. 〈필름 소셜리즘〉은 여태껏 제작해 온 고다르의 다른 작품과 마찬가지로 엄청난 수의 기존 영상, 음성, 텍스트의 인용으로 구성되어 있다. 거기에 덧붙여 이번에는 휴대 전화로 촬영한 것 같은 엉망인 영상이나 유튜브에서 가져온 듯한 영상도 포함되어 있다. 이는 앞에서 말한 의미의 '의무'를 실천하려는 의지의 표현으로 볼 수 있을 것이다.

'표현'에 대한 '인상'의 우위를 이렇게 '자유'의 문제로 강조하는 것은 '리얼' 또는 '리얼함을 생산하는 것'에 대한 고다르의 고유한 사고방식에 근거한다. 이 책에서 이미 언급한 적도 있는데, 다시 한 번 다음과 같은 고다르의 발언을 인용해 본다.

> 세상 사람들은 카메라는 늘 정면에서 찍어야 한다든가, 정면에서 똑바로 찍은 것이야말로 리얼한 것을 보여 줄 수 있는 것이라고 믿고 있습니다. (…) 진정한 리버스 쇼트는 대개 축을 따라 행해지지 않으면 안 됩니다. 타인을 이해하기 위해서는 카메라를 그 사람 등 뒤에 놓고 그의 얼굴을 보지 않도록 해야 할 필요가 있지요. 또한 그 사람의 이야기에 귀를 기울이고 있는 또 다른 한 사람을 통해 그를 이해하도록 해야 합니다.

이를 표현과 인상이라는 용어로 다시 정리하면 '표현의 흐름'은 '인상에 의한 절단' 없이는 결코 리얼하게 흐르지 않는다는 말이 될 것이다. 가로막히는 일 없이 바람은 결코 불지 않는다.

이러한 고다르의 생각이 더할 나위 없이 뚜렷하게 체현된 르네상스 이탈리아의 '명화'가 있다. 산드로 보티첼리Sandro Botticelli[1]의

〈비너스의 탄생〉(1458년경)이다. 일반적으로 이 작품은 서풍西風의 신인 제피로스Zephyros들이 뺨을 부풀려 바람을 불어 보내 조개껍질 위에 서 있는 비너스를 봄의 여신이 기다리는 바닷가까지 데려가는 모습을 그린 것으로 알려져 있다. 우리의 관점에서 이 그림에 나타난 보티첼리의 천재성을 이야기해 보면 다음과 같을 것이다. 보티첼리는 제피로스들이 있는 곳을 향해 망토를 크게 펼친 여신의 모습을 잊지 않고 그렸다. 그러니까 망토가 가로막지 않았다면 화폭 위에 바람이 부는 일은 결코 없었을 것이고, 비너스가 해안까지 가는 일도 결코 없었으리라. 한마디로 비너스는 결코 탄생하지 않았으리라. 보티첼리는 그렇게 생각한 것이다. 제피로스들이 빛의 흐름을 뿜어내는 영사기라면, 여신이 펼친 망토는 그 흐름을 차단하는 스크린이다. 그러나 스크린이 차단하는 일이 없다면 영사기에서는 빛의 흐름이 흘러나오지 않을 것이며, 거기에서 생산되는 효과를 비너스가 소비하고 향수하는 일도 결코 없을 것이다.

1
산드로 보티첼리(1445~1510): 이탈리아 초기 르네상스의 화가. 본명은 알레산드로 디 마리아노 필리페피(Alessandro di Mariano Fillipepi)이지만 보티첼리(작은 술통)라는 이름으로 알려져 있다. 고딕 전통과 시에나 양식의 결합이 특징적이다.

22

기득권의 명령
'죽음을 두려워하라'

2010년 봄에 서거한 영화감독 베르너 슈뢰터Werner Schroeter[1]의 작품을 회고하는 뜻으로 2011년 겨울, 파리의 퐁피두센터에서 상영회가 열렸다. 이 행사에 맞추어 간행한 필립 아주리Philippe Azoury[2]의 작가론은 《죽음을 두려워하지 않은 남자 베르너 슈뢰터에게A Werner Schroeter, qui n'avait pas peur de la mort》(2010)였다. 죽음을 두려워하지 않는 삶이란 도대체 어떤 삶일까? 1981년에 슈뢰터가 미셸 푸코와 만났을 때 그 자리에서 이야기를 나눈 것도 바로 이 문제였다. 두 사람의 대화가 '죽음'에 관한 것이 된 이유는 푸코의 다음과 같은 발언 때문이었다.

자신의 존재 자체를 하나의 예술 작품으로 여기는 사람과 자신이 존재하는 동안 예술 작품을 만드는 사람 사이에 어떤 차이가 있다고는 생각하지 않습니다. 존재하는 것 자체로 완벽하고 숭고한 하나의 예술 작품이 될 수 있습니다. 그리스 사람들은 잘 알고 있던 이 사실을 특히 르네상스 이후에는 완전히 잊어버리고 말았던 것입니다.

이 말을 받아 베르너 슈뢰터는 다음과 같이 말한다.

> 나는 죽음을 두려워하지 않습니다. 잘난 체하는 말로 들릴지
> 모르겠으나 진심입니다. 죽음을 직시할 때 솟아나는 감각은
> 아나키스트의 그것으로, 기존의 사회 체제를 위협합니다. 사
> 회는 테러와 공포를 솜씨 좋게 이용하고 있으니까요.

죽음을 두려워하라. 이런 명령을 계속 내림으로써 현대 사회는 스스로의 질서를 유지하고자 한다. 또한 사람들에게 '존재 자체를 하나의 예술 작품으로 삼는' 것을 단념시키려고 한다(비록 '존재하는 동안 예술 작품을 만드는' 것은 용인해도). 슈뢰터와 푸코는 그렇게 주장했다. 푸코는 암묵적인 동의 속에 "철학이 참으로 씨름해야 할 문제는 하나밖에 없다. 그것은 자살이다"라는 알베르 카뮈의 《시지프 신화》의 첫 마디를 염두에 두고(대화에는 실제로 카뮈의 이름이 나오지만, 언급한 것은 희곡 〈오해〉다), 다음과 같이 말했다.

1

베르너 슈뢰터(1945~2010): 독일의 영화감독. 1970년대 독일의 영화 운동인 '뉴 저먼 시네마'의 주요 인물이다. 독일의 역사에 관심을 가졌으며, 개인의 극적인 감정을 탐구했다. 1967년에 〈베로나〉로 데뷔해 2008년에 〈이 밤〉으로 베니스 국제 영화제 특별사자상을 받았다.

2

필립 아주리 : 프랑스의 비평가. 일간지 《리베라시옹》 등에서 활동한다.

나는 자살처럼 아름답고 세심한 주의를 기울여 깊이 생각할 만한 가치가 있는 행동은 이 세상에 없다는 것을 사람들에게 재학습시키기 위해 문화 방면에서 참된 싸움을 벌여 나가지 않으면 안 된다고 믿는 사람입니다. 우리는 한 사람 한 사람 평생에 걸쳐 자신의 자살에 대해 생각하지 않으면 안 될 것입니다.

두 사람은 '죽음을 두려워하라'는 명령에서 '자기 자신을 알라'는 또 다른 명령과의 보완 관계를 찾아낸다. 슈뢰터는 다음과 같은 예를 든다. "라이터를 꺼내 담배를 한 대 피우는 내 동작은 흔하디흔한 행동에 지나지 않습니다. 중요한 것은 그런 몸짓을 한다는 것 자체이며, 그것이 나에게 존엄성을 부여해 줍니다. 나 같은 사람이 보기에 다섯 살 무렵에 엄마가 담배를 많이 피웠다는 사실을 알았다는 점에는 아무런 의미도 없습니다." 여기에서 반론의 대상으로 삼는 것은 "당신이 지금 담배를 피우려고 하는 것은 어릴 적 흡연하는 엄마를 보고 자랐기 때문이다. 당신은 자기 자신에 대한 이 진실을 알지 않으면 안 된다"고 말하는 심리학주의적인 명령이다.

푸코는 다음과 같은 말을 덧붙인다.

> 20세기에 들어와 우리 머릿속에 주입된 것은 자신에 대해 무지하다면 아무것도 할 수 없다는 것입니다. 자신에 대한 진리가 바로 존재하는 것의 조건이라는 식이 되어 버린 것입니다. 그러나 말할 것도 없이 자신이 누구인가라는 물음을 해결하려고 하지 않고서도 아무런 문제 없이 성립하는 사회도 충분히 생각할 수 있습니다. 나는 누구인가라는 물음은 무의미해요. 중요한 것은 무엇을 하는가, 그리고 어떻게 하는가라는 기예art입니다. 이것이야말로 내가 누구인가를 정해 줍니다. 자신에 대한 그러한 기예는 자기와 정면으로 대립하는 것이 되겠지요. 자신의 존재를 예술 작품(기예의 대상)으로 삼는 것, 해볼 만한 가치가 있는 것은 바로 그런 일입니다.

프랑스어에는 '처세술', '생활의 기술'을 의미하는 'art de vivre'라는 표현이 있는데, 슈뢰터와 푸코에게 이 표현은 '살아가는 일이라는 기예', '기예를 갖고 살아가는 일'을 가리킬 것이다. 나는 누구인가

(담배를 피우는 엄마가 나를 길렀는가 아닌가)를 묻는 것이 아니라, 그러한 물음 바깥에서 다가오는 힘에 자신을 드러내는 것(담배를 피우고 라이터로 불을 붙이는 '몸짓'을 스스로의 신체에 도입하는 것), 외부적 힘과의 관계 속에 자신의 몸과 뇌를 두는 것, '자기와 정면으로 대립하는' 힘을 자기 자신 안에 차곡차곡 쌓아 두고 그것을 그대로 살아가는 힘으로 전환시키는 것이다. 질 들뢰즈라면 '밖에서 들어온 작용을 자기 안에 접어 넣는다'는 의미로 '절충pourparlers'[3]이라 부를 것이다. 자기에 대한 이 조작이야말로 슈뢰터와 푸코가 말하는 '기예'라고 할 수 있다.

이와 같이 외부적 힘에 스스로의 신체와 뇌를 접속시키는 것, 술렁거리는 바깥의 힘 속에 스스로를 삽입하는 것, 이런 의미에서 '살아가는 것이라는 기예'는 스스로의 죽음(자살)을 삶의 한복판에 어떻게 불러들일 것인가라는 물음과 직결된다. 그러나 슈뢰터와 푸코가 여기에서 문제로 삼는 '죽음'은 결코 '문학적인', '상상 속의' 또는 '메타포로서의' 죽음은 아니다. 생물학적인 삶 속에 똑같이 생물학적인 죽음을 도입한다는 매우 곤란한 물음(아포리아)을 제기하고 있는 것이다. 슈뢰터가 흡연을 예로 든 것은 그것이 '건강

3
1990년에 출간된 들뢰즈의 책 제목이기도 하다. 한국에서는 《대담 1972-1990》(솔출판사, 1994)이라는 제목으로 출간되었다.

을 크게 해친다'는 일반적인 인식을 전제로 삼았기 때문이며, 푸코에게도 '자살'이란 말은 글자 그대로의 의미임에 틀림없다. 생물학적으로 생존하면서 생물학적인 죽음을 향해 적극적으로 나아갈 때, 살아가는 일 자체가 '예술 작품'이 된다는 말이다. "나에게 글 쓰는 일이 가능한 것은 죽음이 내게 쓰도록 할 때뿐이다. 다시 말해 죽음에 의해 내가 공허한 점이 되고 비인칭적인 무언가가 출현할 때뿐이다." 카프카의 유명한 이 경구는 단순한 메타포나 레토릭으로 읽어서는 안 된다.

'자신을 알고 죽음을 두려워하라'는 이중의 명령은 '자본제+대의제'의 틀로 사회 질서를 유지하려는 목적에 입각한 것일 뿐 아니라 그 대안이 될 수 있는 '혁명'을 위한 명령이라고 말할 수 있을지도 모른다. 슈뢰터와 푸코는 '죽음을 두려워 말고 기예로서 살라'고 호소한다. 다시 말해 정치적 행동을 위해서는 즉자卽自와 대자對自의 이중화를 통한 '자각'이 필요하다는 '인간적인, 너무나 인간적인' 생각을 의문에 부치고 있다. 그것은 바로 '혁명'에 대한 '봉기'의 절대적 우위를 이야기하는 것이다.

23

사라져야 하는
아이덴티티

2011년 1월 말, 이집트 민중이 봉기를 일으켰다. 당시 프랑스 파리에서도 이집트 민중이 내걸고 있는 슬로건과 똑같이 '물러나라!'고 쓴 플래카드를 든 사람들이 이집트 대사관 앞에서 항의 행동을 펼쳤다.

이집트 민중의 등을 떠밀어 봉기로 내몰고 있는 것이 이웃 나라 튀니지 민중이라는 사실은 일본에서도 보도한 그대로다. 2010년 12월 17일, 튀지니의 내륙 도시인 시디 부지드에서 과일 노점상으로 생계를 꾸리던 26세 청년 모하메드 부아지지가 분신자살을 했다. 시청 직원에게 무허가 영업이라는 이유로 과일과 가판대를 일방적으로 몰수당한 그는 시청과 도청에 억울함을 호소했지만 아무 소용이 없었다고 한다. 빈곤과 빈곤에 대한 행정적인 무관심 때문에 죽음을 선택할 수밖에 없었던 이 청년의 이야기는 사회적으로 커다란 공감을 일으켰다. 특히 인터넷을 통한 정보 교환이 중요한 무기가 된 시디 부지드 민중의 항의 행동은 경찰의 가혹한 무력 탄압에도 불구하고 튀니지 전국으로 확산되었다. 드디어 2011년 1

월 14일, 23년 동안 독재를 행해 온 벤 알리Ben Ali[1] 대통령은 해외로 도망가기에 이르렀고, 튀니지에서는 잠정적인 정부의 수립 이후 벤 알리파 전원을 '물러나게' 하기 위해 속도를 늦추지 않고 매일같이 대규모 항의 행동을 이어 나갔다.

튀니지의 봉기가 지속되는 동안 파리에서도 튀니지 대사관 앞은 말할 것도 없고, 거리 곳곳에서 튀니지 사람들, 알제리를 비롯한 마그레브Maghreb[2] 지역 사람들, 그들과 연대를 표명한 사람들(공산당부터 신반자본주의당에 이르는 좌파 정당을 포함하여)이 계속하여 항의 행동을 전개했다. 마치 세계 어디에선가 일어난 사건은 파리에서도 반복되어야 한다는 듯이.

이렇게 파리에서 이루어지는 반복은 2010년 10월부터 11월에 걸친 대통령 선거가 발단이 된 코트디부아르의 정치 위기 때에도 나타났다. 개표 결과가 애매한 가운데 현직 대통령 로랑 그바그보Laurent Gbagbo[3]의 재선을 주장하는 사람들과 알라산 와타라Alassane Ouattara[4] 후보의 당선을 주장하는 사람 사이에 적지 않은 사상자를 낸 '내전'이 계속되었다. 그런데 파리에서도 코트디부아르 주민들은 그바그보파와 와타라파로 분열하여 서로 다투는 일을 되풀이했

---

[1] 벤 알리(1936~): 튀니지의 정치인이자 장군. 무혈 쿠데타를 일으켜 1987년 11월 7일 대통령에 취임했다. 2011년에 높은 실업률과 물가 상승에 의한 정권 퇴진 운동으로 대통령직을 사퇴하여 사우디아라비아로 망명했다.

[2] 마그레브: 리비아, 튀니지, 알제리, 모로코를 포함하는 아프리카 북서부 지역을 이르는 말.

[3] 로랑 그바그보(1945~): 코트디부아르의 정치인. 2000년 10월의 대통령 선거에 야당 후보로 출마해 59.4%의 지지율로 당선되면서 프랑스로부터 독립한 이후 40년간 코트디부아르의 정치를 지배해 온 코트디부아르민주당(PDCI)의 일당 독재 체제를 종식시켰다.

었고, 와타라파 사람들이 코트디부아르 대사관에서 그바그보파 사람들을 내쫓고 점거하는 사건도 일으켰다.

　세계를 자기 품 안에 끌어안고 반복하는 파리. 거리의 어떤 무인 가판대를 둘러봐도 다양한 나라의 신문이 늘어서 있다. 거리에 나가면 곧 귓가에 다양한 언어가 들려온다. 광장, 골목, 지하철역에는 온 세계 나라의 이름과 도시 이름이 붙어 있다. 개중에는 '스탈린그라드'[5]처럼 이미 존재하지 않는 것도 있다. 파리는 세계 전체를 지리적으로뿐 아니라 역사적으로도 자기 자신 안에 끌어안고 있는 것이다. 1980년대 초두에 출현한 이른바 '월드 뮤직'이 파리가 발신한 음악 문화였음은 우연이 아니다.

　파리를 거점으로 삼아 활동하는 정치철학자인 에티엔 발리바르 Étienne Balibar[6]가 '유럽'을 '사라져 가는 매개'라고 규정하고 다음과 같이 논하고 있는데, 오늘날에는 그다지 놀랄 정도는 아닐 것이다.

　　유럽에는 세계의 다른 아이덴티티를 대치할 수 있는 형태의
　　아이덴티티가 없습니다. 왜냐하면 역사적이고 문화적으로
　　구성된 유럽 공간과 그것을 둘러싼 공간 사이에는 절대적인

알라산 와타라(1942~): 코트디부아르의 정치인. 2010년 말에 그바그보를 꺾고 대통령에 당선되었다. 그러나 그바그보는 선거 부정을 주장하며 권력 이양을 거부했고, 양측 지지자들의 내전이 시작된 지 4개월 만인 2011년 5월에 공식 취임했다.

5
스탈린그라드: 지금의 볼고그라드. 러시아 볼가강 하류의 중공업 도시다. 처음에는 차리친(러시아의 여황제 예카테리나 여왕의 도시)이라 불렸고, 1925년에서 1961년까지는 스탈린그라드(스탈린의 도시)라 불렸다.

6
에티엔 발리바르(1942~): 프랑스의 철학자. 파리고등사범학교에서 루이 알튀세르, 조르주 캉길렘, 자크 데리다 등에게서 사사했다. 마르크스, 스피노자 등을 연구하며 마르크스주의 및 근대 정치철학의 주요 범주들을 재구성하고 있다.

경계가 없기 때문입니다. 유럽에 그러한 경계가 없는 것은 유럽 자체가 하나의 경계가 되어 있기 때문입니다. 더욱 정확히 말하면, 유럽은 그 자체가 복수의 경계가 중첩된 상태로 이루어져 있습니다. 다시 말해 유럽은 세계의 모든 역사나 문화(또는 적어도 그중의 대부분)를 자신의 중심 안에 반영키시고 있고, 그 자체로 그러한 역사나 문화 사이의 관계가 중첩되는 장場이 되어 있다는 말입니다.

발리바르가 이러한 논의를 처음으로 발표한 것은 2002년 11월 21일 베를린에서 열린 훔볼트대학의 강연 때였다. 이즈음 지스카르 데스탱Giscard d'Estaing[7] 프랑스 전 대통령이 의장을 맡은 자문 회의가 유럽헌법조약안의 기초를 마련하고 있던 당시 미국은 이라크 침공을 위한 준비에 여념이 없었다. 같은 시기에 프랑스 역시 지식인, 정치가, 활동가를 중심으로 유럽헌법조약 또는 유럽 통합의 장래에 대해 집중적으로 논의하기 시작했다. 미국이 자신의 가치관을 압도적인 무력으로 세계에 강요하려고 하는 가운데 유럽은 무엇을 해야 할까? 미국이 보편화시키려고 하는 가치관에 대항할 수

---

[7] 지스카르 데스탱(1926~): 프랑스의 정치인. 36세에 드골 정권의 재무장관에 발탁되었으나 사임했다. 그 후 퐁피두 정권의 재무장관으로 프랑화의 절하를 단행했다. 1974년에 '점진적 개혁'을 공약으로 내걸고 대통령 선거에 출마하여 미테랑을 누르고 승리했다.

있을 만큼 유럽은 독자적인 가치관을 내세우고, 그것을 통해 미국의 독단적인 행동에 압력을 가해야만 하지 않을까? 유럽은 자신의 '아이덴티티'를 재확립하고 그것을 바탕으로 행동함으로써 미국과의 힘의 균형을 재도입해야 하지 않을까? 유럽 내부에서뿐 아니라 미국의 리버럴한 반反부시파도 이러한 물음을 제기하고 있었다.

이에 대해 발리바르는 이렇게 주장한다. 즉 이른바 유럽의 '아이덴티티'라는 것이 있다면, 그것은 세계의 다양한 아이덴티티를 자기 품 안에 반영하고 있는 것 속에서 추구해야 한다. 더욱 엄밀히 말하면, 그것은 세계의 다양한 아이덴티티를 인접시키는 다양한 경계 자체가 중첩되어 있는 자신의 내부에서 추구해야 한다. 달리 말하면 유럽의 힘이라는 것이 있다면, 그것은 미리 존재한다고 상정하고 거기에 의거하여 행동을 전개해야 하는 고정된 '아이덴티티'에서 찾아낼 수 있는 것이 아니다. 오히려 그것은 세계 전체를 동시적으로 스스로의 품 안에서 반복하는―발리바르 자신의 말을 빌면 '번역하는'―행동을 통해 비로소 산출될 수 있다. 요컨대 경계에 몸을 두는 '번역자', '통역자'로서 행동함으로써 그것이 인접시키는 다른 힘에 작용을 가하는 것, 나아가 그러한 '매개'로 다른

힘을 불러오면서도 자기 자신은 '사라져 가는' 것이어야 한다는 말
이다.

여기에서도 랑시에르가 말한 '모든 것이 모든 것을 이야기한다'
는 것이 중요한 핵심이 된다는 점에 주의를 기울여야 한다. 유럽은
거기에 사는 모든 사람이 각자의 입장에서 발언하는 것만으로는
'매개'가 되지도 않으며 '사라져 가지도' 않는다. 즉 한 사람 한 사
람이 실로 '통역자'의 낭창거리는 유연성을 갖고 모든 입장에서 이
야기하지 않으면 안 되는 것이다.

자연적
에고이즘

마뇰 드 올리베이라Manoel de Oliveira[1]가 감독한 〈금발 소녀의 기벽Singularidades de uma rapariga loura〉은 주제 마리아 에사 데 케이로스José Maria de Eça de Queirós[2]가 쓴 동일한 제목의 단편 소설(1886)을 현대극으로 번안한 것인데, 케이로스는 동시대 프랑스 문학의 영향을 받아 포르투갈에 '자연주의'를 도입한 작가로 알려져 있다. 영화에서는 '포르투갈의 에밀 졸라'라고 불리는 케이로스보다 나중 세대인 포르투갈 작가 페르난두 페소아Fernando Pessoa[3]의 시를 배우 루이스 미구엘 신트라가 낭독하는 장면이 나온다.

이번 작품에서 올리베이라 영화의 단골 배우이자 본인의 역할로 등장하는 루이스 미구엘 신트라는 살롱에 모인 사람들 앞에서 독특한 메피스토 풍의 음색으로 시를 낭송한다. 그 시 두 편은 페소아가 사용하던 여러 '다른 이름들' 가운데 '알베르토 카에이로Alberto Caeiro'라는 이름으로 발표한 시집《양의 무리를 지키는 사람O Guardador de rebanhos》(1914)에 실린 것이다(또한 '페소아pessoa'라는 이름도 필명인데, 포르투갈어로 아무도 아니라는 뜻이다). 카에이로는 올리베이라의 작품 안에서 신트라의 목소리를 빌려 '도회지에서 온 남자'와 만난 일을 다음과 같이 회상한다. 그 남자는 노동자의 고생, 빈부의 격차, 정의 회복을 위한 투쟁 등을 언급한 다음, 카에이로의 눈에 눈물이 글썽이는 것을 알아차린 후 자신의 이야기가 공감을 얻은 줄 알고 만족스러운 듯 미소를 짓는다. 하지만 카에이로는 이렇게 말을 잇는다.

> 그러나 나는 그의 이야기를 거의 듣고 있지 않았다. 노동자의 괴로움이나 그들이 괴로워하고 있다고 여겨지는 참상 같은 것이 내게 얼마나 의미가 있다는 것일까? 그들도 나와 마찬가지일 뿐, 그렇다면 그들도 괴로워할 일이 없을 것이다. 세계에 존재하는 모든 악은 악함이네 선함이네 하며 서로 괘념하기 때문에 발생할 따름이다. 우리에게는 영혼, 공기, 그리고 땅만 있으면 충분하다. 그 이상을 바라면 그것들을 잃을 것이며 불행한 운명을 맞이하게 될 뿐이다.

그러면 왜 눈물을 글썽였을까? 그는 그 이유를 이렇게 말한다.

1

마뇰 드 올리베이라(1908~): 프랑스의 영화감독. 2013년 현재 105세로 최고령의 현역 감독이다. 이탈리아와 스페인에서 배우 수업을 받았고, 23세에 감독으로 데뷔했지만 본격적인 작품 활동은 60세가 넘어서 이루어졌다.

2

주제 마리아 에사 데 케이로스(1845~1900): 포르투갈의 소설가이자 외교관. 포르투갈 사실주의 문학의 창시자로서, 근대적 문제로 산문을 혁신했다. 날카로운 관찰력과 유머와 풍자가 넘치는 근대적 문제로 사회를 비판했다.

3

페르난두 페소아(1888~1935): 포루투갈의 시인. 서정시인 카모엥시 이후 가장 뛰어난 시인으로 일컬어진다. 다양한 필명만큼이나 복잡하고 다면적인 개성의 소유자다.

석양 무렵 멀리서 들려오는 양들의 방울 소리가 꽃이나 졸
졸 흐르는 개천, 그리고 내 영혼처럼 단순한 영혼이 모여 있
던 작은 예배당에서 울리던 종소리와 도무지 닮지 않았기
때문이다.

그는 연이어 이렇게 말한다.

나는 착한 사람이 아니어서 정말 다행이다. 굳이 의식하지
않아도 꽃이 피는 것이나 물이 흐르는 것에만 집중한다. 오
로지 자기가 갈 길만 돌진하는 꽃이나 개울의 흐름 같은 자
연적인 에고이즘을 나도 가질 수 있어서 다행이다. 이것만이
세계에서 해야 할 유일한 소명이 아닐까? 더할 수 없이 맑은
방식으로 존재하는 것, 굳이 생각하지 않아도 그렇게 존재하
는 것 말이다.

서로 배려를 해주고 사회 정의를 부르짖고 투쟁을 호소하는 '착
한 사람'에 머무르는 한, 사람들은 '불행을 맞이하게 될' 따름이다.

또한 각자가 스스로 자신에 대해 생각하거나 걱정하는 것조차 행복을 멀리하는 것밖에 되지 않는다. 반대로 타인에 대해서도 자신에 대해서도 일체 머리를 굴리지 않고 '오로지 자기가 갈 길만 돌진하는' 꽃이나 개울의 흐름 같은 '단순한 영혼'을 가질 때, 다시 말해 자연계에서 살아가는 듯한 '에고이즘'을 되찾는 동시에 '착한 사람'임을 그만둘 때, 우리는 행복하게 살아갈 수 있다. 카에이로는 그렇게 말하고 있다. 나아가 이것을 스스로 체현하는 '초인'으로서 모습을 드러내기 때문에 페소아는 카에이로라는 자신의 '다른 이름'을 '나의 스승'이라고도 부른 것이다.

선악을 재주넘는 식으로 반전시켜 그것의 '피안'으로 우리를 끌고 가려는 카이에로의 역설적인 주장에서 핵심을 이루는 것을 가장 단순하게 말하면 철저한 표상(재현전) 비판이다. '더할 수 없이 맑은 방식으로 존재한다'는 것은 타인에 대해서나 자신에 대해서 일체 표상을 가지지 않고 세계의 완벽한 현전성現前性 속에 스스로의 신체와 뇌를 새겨 넣는 것이다. 실제로 카에이로를 '나의 스승'으로 삼는 것은 정확히 말해 페소아 본인이 아니라 그의 또 다른 이름의 소유자 알바로 데 캄포스Alvaro de Campos다. 캄포스는 〈나의 스승 카이에로에 대한 각서〉라는 글에서 스승이 그에게 이야기해 주었다는 다음 구절을 인용하고 있다.

> 우리 눈에 보이는 어떤 사물도 우리 눈앞에 항상 처음으로 출현하는 것이지 않으면 안 된다. 실제로 어떤 사물도 우리 가 눈으로 보는 것은 처음이기 때문이다. 따라서 우리가 그 것을 예전의 그것과 같은 이름으로 부를지라도 모든 노란색 꽃은 그 하나하나가 새로운 노란색 꽃인 것이다. (…) 사람 들이 모두 다 그런 것을 알아채는 눈동자를 갖고 있지 못하 다는 것은 참 유감스러운 일이다. 그런 눈동자를 갖고 있다 면 우리는 모두 행복할 테니까.

시집 제목인 '양의 무리를 지키는 사람'이란 카에이로를 가리키 고 '양의 무리'는 다양한 '사고'라고들 말하는데, 여기에서 '사고'는 '감각'으로 고쳐 부를 수 있다. 카에이로는 말하길, "나는 눈과 귀 로, 손과 발로, 코와 입으로 사고한다. 한 다발의 꽃을 사고한다는 것은 그것에 눈길을 주고 그것을 호흡하는 것"이라고 한다.

페소아가 '혁명'을 가치 있는 것으로 평가하는 조건은 바로 폭력에 의해 모든 것의 표상이 분쇄당하고, 사람들의 영혼에 '단순함'을 회복시킨다는 점에 한해서다. 러시아 혁명을 눈앞에 두고 집필한 소론 〈혁명적 편견〉(1919)에는 다음과 같은 말이 나온다.

> 어떤 나라가 오랜 쇠퇴기를 거쳐 혼수상태 또는 붕괴 상태에 빠졌을 때, 하는 수 없이 그 나라를 구제하는 방법을 혁명 운동에서 찾는 것은 있을 수 있는 일이다. 그러나 그러한 운동은 그 자체로 직접적인 구제 방법이 될 수 없다. 특정한 이념과 경향을 짊어진다는 자격이 구제로 이어지는 것은 아니다. 구제로 이어지는 무언가가 있다면 그것은 가장 그럴 리 없다고 여겨지는 것, 즉 그것이 초래할 무정부 상태, 그것이 탄생시키는 폭력적 혼란인 것이다.

페소아가 혁명으로부터 이끌어 내는 '구제'는 결코 혁명적 '지성'이 사회에 부여하려고 하는 새로운 표상에 있지 않다. 도리어 혁명의 한가운데에서 혁명적 '지성'으로부터 달아난 것, 혁명의 과정을 관통하는 넘치는 힘, 요컨대 '봉기'에 있는 것이다. 〈금발 소녀의 기벽〉은 바로 그러한 봉기의 영화라고 할 수 있다. 무수한 기호가 음성과 영상의 양면에서 봉기하고 있고, 한 알 한 알의 기호가 지성에 의한 표상 작용 저편에서, 또는 표상 작용 바로 직전에 '단순한 영혼' 즉 '자연적 에고이즘'을 회복하는 것이다. 케이로스의 원작은 다음과 같은 문장으로 시작한다. "그는 내게 우선 이렇게 말했다. 자기의 이야기는 단순한 것이라고." 모든 기호가 '더할 수 없이 맑은 방식으로 존재하는' 것, 올리베이라 작품의 압도적인 '단순함'은 여기에 있다.

> 세계가 만들어진 것은 우리가 그것을 머리로 생각했기 때문이 아니라 공감을 갖고 그것을 보았기 때문이다. 사랑하는 것은 영원하고 무구하지만, 유일한 무구함은 사고하지 않는 것이다. (페소아)

25

소문과 진상을
구분하려는 자들

자크 데리다가 《그라마톨로지De la grammatologie》(1967)[1] 등과 같이 특히 그의 초기 저작에서 전개한 논의 중 하나는 그가 '음성중심주의'라고 부른 것에 대한 비판이었다. 데리다는 플라톤 이래 서양철학의 전통에서 전체적으로 음성중심주의를 늘 찾아볼 수 있다고 지적했다.

음성중심주의는 의미와 진리 같은 것은 영혼의 내부에서 자연스럽게 울려 나오는 목소리=파롤(말하는 언어)에서만 투명하고 충분히 현전한다고 여기는 태도다. 반대로 그러한 목소리=파롤 '대신' (목소리가 닿지 않는 곳까지 목소리가 이야기하는 것을 전하기 위한 목소리 대신) 또는 '보충'(목소리가 나온 후에도 목소리가 이야기한 것을 기록해 두기 위한 목소리의 보충)으로서 영혼의 외부에서 인공적으로 산출된 기술(원격 통신 기술, 기억 기술)에 불과한 문자=에크리튀르(글로 쓴 언어)의 경우에는 의미와 진리가 목소리의 경우처럼 무매개적으로 '현전'하지 않고 어디까지나 불투명하고 불완전하게 '재현전'하는 데 그친다고 여긴다.

따라서 음성중심주의에서는 의미와 진리의 완벽한 현전을 지상의 텔로스(목적)로 삼는 것이 대전제로 되어 있다. 또한 이 대전제 자체의 전제로서 의미와 진리가 목소리나 문자에 앞서 순수하게 존재한다는 것도 또 하나의 대전제다. 하지만 음성중심주의는 이 두 가지 대전제를 의문에 부치는 일이 결코 없다. 스스로 물음에 부치지 않고 전제로 삼는 것, 또는 그런 것을 스스로 전제로 삼는 것 자체를 완전히 모르는 것으로, 적어도 모르는 척하기로 정해 놓은 것이다(그러한 태도를 데리다는 '로고스중심주의'라고 부른다).

음성중심주의는 '우물 안 개구리'다.《그라마톨로지》의 출간 당시 아직 마흔 살도 되지 않았던 젊은 데리다가 철학의 전통을 모조리 비판했던 알맹이를 단적으로 말하면 이렇게 될 것이다. 그러나 데리다의 비판은 우물을 파묻어 버리겠다거나, 개구리를 우물 밖으로 끌어내겠다는 것은 아니었다. 그것은 우물 주변에 퍼져 있는 세계 안에서 세계의 일부로서 우물을 다시 규정하는 것, 즉 우물의 '종언'을 선언하는 것이 아니라 우물의 '벽'을 그려 내는 것이었다.

우물 안을 헤엄치고 있는 이상 개구리도 안쪽에서 우물 벽에 부딪히는 일이 분명 있을 것이다. 그러나 개구리는 순수한 의미나 진

1
《그라마톨로지》: 서양철학을 언어학적으로 해체하며 생명과 죽음, 문명과 야만, 여성과 남성, 선과 악, 의식과 무의식, 욕망과 쾌락, 역사의 기원과 과학의 성립 조건, 언어와 정치 등 인문학의 여러 주제를 망라하여 '차이의 지평'을 개척한 대저서.

리의 완전한 현전을 추구하는 강한 의지, 그것을 위한 조건을 확보하고 싶다는 강한 뜻을 품고 있기 때문에 벽에 부딪히는 경험을 깨닫지 못한 채 지내 왔거나 혹은 그런 일이 없었다고 의식을 '억압' 해 온 것이다.

데리다의 전략은 개구리가 스스로의 뜻에 반하여 경험하고 기술해 온 벽이나 벽과의 접촉을 개구리 자신이 떠올리도록 하여 이야기하게 한다는 것이다. 이를테면 그런 개구리에 속하는 장 자크 루소Jean Jacques Rousseau[2]에 대해 데리다는 다음과 같이 지적한다. "그는 자기가 말하고 싶은 것, 즉 언어에서는 분절화와 에크리튀르가 언어의 기원보다 나중에 생긴 병病이라는 것을 강력하게 주장한다. 그런 한편으로 그는 자신이 말하고 싶지 않은 것, 즉 분절화, 나아가 에크리튀르 공간이 언어 활동의 기원에 작용하고 있다는 것을 그려 내기도 한다."

영혼 내부에서 자연스럽게 나온 생생한 육성에는 의미와 진리의 현전이 있다고 인정하고 이를 칭양하는 반면, 영혼 외부에 인공적으로 산출된 문자에는 의미나 진리의 재현전밖에 인정하지 않고 이를 폄하하는 태도는 실제로 목소리와 문자의 본성을 비교한 데서 자연스레 이끌려 나온 것이 아니다. 그것은 오히려 언어에는 의미와 진리가 현전하는 것과 그렇지 않은 것이 있다는 전제, 더욱 구체적으로 말하면 언어에는 믿을 만한 것과 그렇지 않은 것이 있다는 인공적인 전제에서 이끌려 나온 것이다. 나아가 말하는 언어와 글로 쓴 언어 각각의 '본성'을 구별하는 것 자체가 이러한 인공적인 전제에 부합하도록 결정한 것에 지나지 않는다.

데리다의 비판은 문자에 대한 목소리의 우위를 역전시키는 데 있지 않다. 그러한 역전은 의미와 진리를 완전한 '동일성' 아래 현전시킬 수 있는 언어와 '차이'의 노이즈와 함께 그것들을 재현전시키는 것밖에 가능하지 않은 언어가 있다는 전제를 온존시키는 것밖에 되지 않기 때문이다. 데리다가 시도하고자 한 바는 목소리에 기원을 두고 있으면서 목소리의 발생 자체를 가능하게 하는 것으로 문자를 다시 규정하는 것, 나중에 생겨난 문자에 의해 덧붙여졌다고 알려진 '차이'를 목소리 자체 안에서 다시 찾아내어 동일성과 차이, 현전과 재현전, 믿을 수 있는 언어와 그렇지 않은 언어, 목소리와 문자라는 구별 자체를 물음에 부쳐 무효화시키는 것이었다.

2011년 4월 6일, 총무성 총합통신기반국이 통신 사업자에 대해 인터넷에 떠도는 동일본 대지진에 관한 '유언비어'를 자발적으로 삭제하도록 요청하는 사건이 있었다. 이런 일이 눈앞에 일어나고 있는 현재, 데리다가 40년도 지난 시점에 이미 해놓았고, 일본에서도 몇십 년이나 전부터 '상식'에 속하는 논의, 즉 음성중심주의에 대한 비판을 새삼 상기해 둘 필요가 있다. '유언비어'와 그렇지 않은 것의 구별은 지진 재해의 '내부'에서 자연스레 말해진 언어와 지진 재해의 '외부'에서 인위적으로 산출된 언어라는 각 언어의 '본성'을 구별함으로써 자연스레 이루어진 것이 아니다. 오히려 언어에는 '유언비어'와 그렇지 않은 것이 있다는 인위적인 전제가 각 언어의 '본성'을 결정하고 있다.

특히 원자력 발전 사고를 둘러싸고 문제가 된 '소문 피해'에 대해서도 똑같이 이야기해야만 한다. '소문'과 그렇지 않은 것의 구별은 사고를 일으킨 원자력 발전이나 원자로의 내부에서 자연스레 나온 이야기와 그 외부에서 인위적으로 산출된 이야기라는 식으로 담론의 '본성'을 구별하여 자연스레 도출한 것이 아니다. 반대로 원자력 발전 사고에 관한 담론에는 '소문'과 그렇지 않은 것이 있다는 인위적인 구별이 먼저 전제되어 있고, 거기에 부응하도록 각 담론의 '본성'이 결정된 것이다. 그리하여 그중 몇몇 담론이 유포됨으로써 일어난 피해가 사고를 일으킨 원자력 발전소와 원자로의 내부에서 나온 것이 아니라 그 바깥에서 멋대로 산출된 것, 즉 도쿄전력이 일으킨 원자력 발전 사고와는 관계없는 것이라고 하여 배제해 버렸다.

원자력 발전 사고에 의한 피해를 '소문'에 의한 것과 그렇지 않은 것으로 구별하는 것은 원자력 발전 사고의 내부와 외부를 구별하는 것이고, 그리하여 도쿄전력이 져야 할 책임의 범위를 최소한으로 축소하려고 기도하는 데 불과하다.

26

봉기와 함께
사랑이 시작된다

'15M'(quince de mayo). 내가 이 원고를 집필하고 있는 2011년 5월 21일 현재, 5월 15일(el 15 de mayo)에 시작되었다고 하여 '15M'이라 이름 붙인 대규모의 민중 봉기가 마드리드를 중심으로 스페인 각 도시에서 이어지고 있고, 5월 23에 치러질 지방 선거를 앞두고 선거전이 한창 스페인 전국을 뒤흔들고 있다. 아랍의 봄에 의한 촉발이 확실한 까닭에 '스페인의 봄'이라고 부르는 이 운동은 거꾸로 아랍의 봄이 무엇이어야 하는가를 더욱 확실히 조명해 주기도 한다.

3개월 전 인터넷에는 '¡Democracia Real Ya!'(참된 민주주의여, 지금 당장!)라는 플랫폼 사이트가 만들어졌다. 여기에 서서히 가담하게 된 200개가 넘는 다양한 운동 그룹(대다수는 2008년 경제 위기 이후에 결성되었다)이 연대하여 "우리는 은행가나 정치가의 생각대로 움직이는 상품이 아니다!"(¡No somos mercancía en manos de políticos y banqueros!)라는 슬로건 아래 스페인 전국의 50개 도시에서 5월 15일에 데모를 벌이자고 호소했다. 이 호소가 트위터와 페이스북 등에 유포되어 마드리드의 광장인 푸에르타 델 솔에 6만 명, 바르셀로나의 카타르냐 광장에 1만 5천 명, 다른 도시에서도 수천 명 등 아무도 예견하지 못한 많은 규모의 사람이 모여들었다. 푸에르타 델 솔에서는 데모가 끝난 뒤에도 집에 돌아가지 않고 남은 사람들이 있었고, 그중 50명 정도가 광장 일부를 점거하여 텐트를 치고 하룻밤을 보내기도 했다. 마드리드의 중심에 위치한 이 광장은 그날 밤부터 카이로의 '타흐리르 광장'으로 변했다. 캠프에는 다음과 같은 현수막이 걸렸다.

> 우리에게 꿈을 꿀 자유를 주지 않는다면, 우리는 너희들에게 잠잘 자유를 주지 않겠다(Si no nos dejáis soñar, no os dejaremos dormir).

푸에르타 델 솔의 점거는 16일에도 계속 이어져 200명 정도로 늘어난 사람들이 하룻밤을 밝히게 되었는데, 다음 날 아침 일찍 강제 축출을 위해 경찰대가 투입되었다. 하지만 이 조치로 더욱 많은 사람들이 광장으로 발걸음을 돌렸다. 17일 밤에는 실업자 청년, 대학생, 고등학생을 중심으로 스페인 각지에서 몰려온 천여 명이 광

장 캠프에 가담했다. 그날 밤부터 스페인 국내의 다른 도시, 영국 런던의 스페인 대사관 앞에서도 점거와 캠프, 철야 농성이 시작되었다. 인민당(PP)과 사회당(PSOE)의 양대 정당제를 유지하는 데 유리하도록 만들어진 현행의 선거 제도인 'PPSOE'(일본 같으면 '자민당+민주당=자민주당'이 되겠다)를 비판하고 거부하는 철야 토론의 결과는 18일에 선언문으로 나왔다. 같은 날 밤, '선거권을 행사하는 시민들의 자유를 훼손할 염려가 있다'는 이유로 중앙 선거 관리 위원회가 불허를 결정했음에도, 푸에르나 델 솔에서는 새로운 집회가 열렸고 수천 명이 거기에 참가했다.

20일 밤에는 중앙 선거 관리 위원회의 불허를 최고 재판소가 추인하여 대량의 경찰대를 투입했음에도(다만 강제 축출은 하지 않았으나), 경찰 측 추산으로(즉 실제로는 적어도 두 배 이상이라고 추측할 수 있다는 말이다) 마드리드의 푸에르타 델 솔에 2만 5천 명, 발렌시아 시청 광장에 1만 명, 말라가의 헌법 광장에 7천 명, 바르셀로나의 카타르냐 광장에 5천 명, 세비야의 엔까르나시온 광장에 4천 명, 비르바오와 파르마의 광장에 각각 3천 명…… 이런 식으로 스페인 국내의 60개가 넘는 도시에서 수많은 사람들이 모였고, 동시에 런던, 브뤼셀, 리스본, 아테네, 로마 등 유럽의 도시뿐 아니라 도쿄를 포함한 세계의 도시에서 특히 스페인 유학생을 중심으로 수백 명에서 수천 명에 이르는 사람들이 행동을 개시했다. 투표일 전날에도 운동은 계속되었다.

실제로 15M은 튀니지나 이집트에서 일어난 운동과 공통점이 많다. 고등학생이나 대학생을 비롯한 청년들이 운동의 주역이라는 점이다. 따라서 기존의 정당이나 노조가 조직하고 지도하는 것이 아니기 때문에 특정한 리더나 중심 그룹도 존재하지 않는다. 다시 말해 운동의 형성이 수직적이 아니라 수평적이다. 인터넷의 소셜 네트워크 시스템이 정보 전달의 주요한 수단이 된다는 점, 나아가 그런 이유로 인해 고도의 전파성과 확산성이 있다는 점도 그렇다. 또한 특정한 문제로 특화된 운동이 아니라 정치 경제 시스템 전체에 물음표를 붙이는 운동이다(15M의 슬로건 중 하나로 '시스템 에러'라는 것도 있다). 기존 시스템에 대해 전반적인 'No'를 들이미는 것이지 새로운 시스템이나 정책을 구체적으로 제안하고 실현하려는 것이 아니다(15M의 젊은이들은 스스로를 '분노한 사람들los indignados'이라고 부른다). 한마디로 문제를 제기하는 운동, 문제를 공유하는 운동이라는 점에서 '봉기'이며, 문제를 해결하려는 운동, 답을 공유하는 운동인 '혁명'이 아닌 것이다.

스페인의 봄을 통해 이를 촉발한 건너편의 봄을 역조명해 보지 않으면 안 된다. 타흐리르 광장의 모방으로서 푸에르타 델 솔은 다음과 같은 사실을 우리에게 분명히 일러 주고 있다. "민주주의 정신의 성숙이 더딘 '후진 지역'에서도 '선진' 유럽과 같은 수준의 의식이 드디어 싹을 틔운 것이며, 이것이 시대착오적인 '독재 체제'를 이제야 타도했다"는 식으로 아랍의 봄을 마치 아랍 여러 국가의 특수한 사정인 것처럼 이해해서는 안 된다. 애당초 '독재 체제'는 아랍을 비롯한 제3세계에 국한된 것이 아니다. 스페인을 비롯한 많은 '선진국'이 보여 주는 양대 정당제와 그것을 뒷받침하는 선거 제도 역시 독재적이고 과두적이지 않은가('놈들은 그것을 민주주의라고 부르지만, 그건 민주주의가 아니다!'[¡Lo llaman democracia y no lo es!]). 아랍의 봄은 기존의 시스템 전체에 대해 'No'를 들이미는 민중 봉기다. 현재 리비아 무력 개입에 나선 프랑스를 비롯하여 유럽의 여러 정부가 열을 올리며 선전하는 것과는 달리, 그것은 절대로 유럽과 같은 '민주주의'를 늦게나마 자국에도 도입하려는 '민주 혁명'

따위가 아닌 것이다.

희망하는 직장에 취직하지 못하고 과일 노점상을 하던 20대 청년이 장사 밑천을 몰수당하고 절망 속에 분신자살을 한 사건에 대해 젊은이들이 크게 공감함으로써 아랍의 봄의 모든 것은 시작되었다는 것을 있는 그대로 받아들여야 한다. 아랍의 봄은 청년의 운동, 프레카리아트precariat[1]의 운동이며, '불안정', 더 정확하게 말하면 '준準안정' 위에서 살아가는 청년들이 기존의 정치 경제 시스템 전체를 거부하는 운동인 것이다. 지역적으로 특수한 운동이 아니기 때문에 그것은 지중해 건너편에도 탄력적으로 불이 옮겨붙었고, 나아가 유럽과 세계의 모든 도시에도 가뿐하게 불씨를 퍼뜨렸던 것이다.

[1]
프레카리아트: 'precarious(불안정한)'와 'proletariat(무산 계급)'를 합성한 조어. 신자유주의 체제에서 불안정한 노동 상황에 놓인 비정규직, 실업자, 노숙자 등을 총칭한다. 2003년에 이탈리아에서 사용하기 시작해 2006년 프랑스의 최초고용계약법 반대 시위에서도 쓰였다.

27

일상적인
너무나 일상적인

　　아오야마 신지青山眞治[1] 감독의 〈도쿄공원東京公園〉은 2011년 6월 중순의 상영 당시 많은 관심을 받았다. 이 작품은 '상대를 정면에서 똑바로 본다'는 문제를 이야기의 중심으로 삼았다.

　　이런 의미에서 아오야마의 작품은 장뤼크 고다르가 에마뉘엘 레비나스를 비판한 내용을 소개하면서 이 책에서 이미 다룬 적이 있는 문제를 필연적으로 다시 돌아보게 한다. 간단히 요약하면 레비나스의 주장은 다음과 같을 것이다. 상대를 실로 리얼하게 파악하기 위해서는 상대를 똑바로 정면에서 바라볼 필요가 있다. 이 이야기를 영화의 촬영 기법으로 바꾸어 보면, 어떤 인물을 그 사람의 리얼리티 자체로 스크린 위에 현전시키기 위해서는 그 인물을 정면에서 똑바로 보는 고정 쇼트로 촬영하지 않으면 안 된다는 말이 된다. 거꾸로 말하면 그 인물을 뒤나 옆에서 찍거나, 같은 프레임 안의 다른 인물이나 사물과 함께 찍으면 그 인물은 주위의 관계성으로만, 즉 특정한 콘텍스트 안에서 주어진 역할로만 파악할 수밖에 없다.

여기에 대해 고다르는 다음과 같이 반론한다. 상대를 정면에서 똑바로 본다고 해도 리얼하게 파악하는 것은 불가능하다. 반대로 자신은 상대의 등 뒤에 조용히 있으면서 그 상대가 이야기를 거는 제3자를 통해 그를 파악하지 않으면 안 된다. 한마디로 어떤 인물의 리얼리티는 그 인물을 배후에서 촬영하면서 같은 프레임 안에 적어도 또 한 사람의 다른 인물을 넣지 않으면 안 된다는 말이다. 달리 말해 리얼리티가 생산되기 위해서는 적어도 두 가지 이상의 사물이 서로 접속해야만 하며, 비록 얼굴이라고 해도 어떤 사물이 단독으로 리얼리티를 산출하는 일은 결코 있을 수 없다는 말이다.

〈도쿄공원〉에는 세 그룹의 남녀가 등장한다. 치과 의사 하쓰시마와 그의 아내 유리카, 사진가 지망생인 대학생 코지와 그의 이복남매 미사키, 코지의 어릴 적 친구로 영화광인 도미나가와 이미 죽어 버린 그의 남자친구 히로, 이들 세 그룹의 공통점은 어떤 남녀도 정면에서 똑바로 마주 보는 것을 꺼리기 때문에 서로를 리얼하게 파악할 수 없다는 점이다. 하쓰시마는 매일 다른 공원으로 외출하는 아내에게 코지를 미행으로 붙이고, 코지가 보내 주는 사진을 통해 아내를 이해하려고 한다. 미사키는 코지와 이야기할 때 늘 코

지에게 등을 돌리고 있기 때문에 코지에 대한 미사키의 복잡한 생각은 코지에게 전해지지 않는다. 도미나가는 히로가 죽은 뒤 좀비 영화에 계속 시선을 집중하여 히로의 죽음(죽은 히로)을 직시하지 않으려고 하고, 그 때문에 히로는 도미나가의 슬픔을 리얼하게 파악할 수 없어서 이승을 헤매고 있다.

이런 남녀에게 '한 번이라도 상대를 정면에서 제대로 응시하라'고 처방하는 아오야마는 과연 레비나스주의자일까? 작품의 종반에 등장인물들은 각각 마음을 다잡고 상대를 정면에서 똑바로 바라보기 위해 떠난다. 확실히 그렇게 하여 각각의 남녀는 서로를 리얼하게 파악하게 된다. 더 엄밀하게 말하면 서로 정면에서 똑바로 응시할 무렵에야 쌍방은 상대에 대한 진정한 이해를 되찾는다고 말할 수 있을지도 모른다. 그럼에도 아오야마는 레비나스와는 다른 지점에 있다고 할 것이다. 아오야마는 각각의 등장인물을 정면에서 찍은 쇼트를 스크린 위에 보여 주기는커녕 특별히 두드러진 것, 즉 다른 쇼트와 비교해 더욱 리얼하다고 형용할 수 있는 과잉의 무엇인가를 찍지 않았다.

예를 들어 하쓰시마는 아마추어의 의견에 불과하다고 전제하면서 코지에게 사진을 계속하라고 권하는데, 이때, 코지의 사진을 평하여 "피사체를 부드럽게 품어 안는, 마치 공원 같은 사진"이라고 말한다. 그런데 하쓰시마가 아내인 유리카와 대치하는 장면에서 유리카를 정면에서 찍은 바스트 쇼트, 나아가 그것의 리버스 쇼트로 드러낸 하쓰시마의 정면 바스트 쇼트도 실로 '피사체를 부드럽게 품어 안는, 마치 공원 같은' 쇼트였다. 하지만 하쓰시마가 유리카를 정면으로 보지 않기 위해 코지에게 몰래 찍도록 시킨 사진과 비교할 때, 이 장면에 더욱 리얼한 무언가가 찍힌 것은 결코 아니다.

일상적인, 너무나 일상적인 평범함은 아오야마의 연출력 부족 때문에 실패한 것일까? 그렇지 않다. 아오야마에게 '연출'이란 일반적인 이해와는 다르다. 사물을 가능한 한 필요 이상으로 움직이게 하여 거기에서 최대한의 성과(잉여 가치)를 뽑아내는 것이 아니라 반대로 사물을 그러한 노동에서 해방시켜 사물에 그 자체의 평범한 삶을 돌려주는 것이다. 질 들뢰즈가 오즈 야스지로에 대해 다음과 같이 쓴 글을 떠올려 보자.

　그러므로 아오야마와 비교해야 할 사람은 레비나스가 아니라 오
즈다. 〈도쿄공원〉에는 세 그룹의 남녀가 정면에서 마주 보지 못하
는 가운데 처음부터 쉽게 정면에서 똑바로 마주 보고 그것을 일상
으로 살아가는 제4의 남녀 그룹이 있다. 코지와 도미나가다. 이 두
사람의 장면에서는 정면에서 찍은 고정된 바스트 쇼트 속 인물이
어딘가에서 들어 본 듯한 흔하디흔한 상투적인 말을 반쯤 앵무새
처럼 밋밋하게 말하고, 상대도 마찬가지로 정면에서 바스트 쇼트
로 찍히는 가운데 평범한 말을 입에 담는, 마치 오즈의 영화와 비
슷한 쇼트와 리버스 쇼트를 도입하고 있다. 오즈에게 이미 그러했
듯이 아오야마에게도 일상적인 범용함을 불러내는 비범하고 과잉
된 무언가를 찍는 일은 일체 없다. 다른 세 그룹의 남녀를 이끌고
오는 지점은 바로 여기다. 일상적 범용함에 깃들어 있는 깊이 있는
신중함을 어디까지나 잃지 않고 상대를 똑바로 정면에서 마주 보
는 것이다.

아오야마에게 범용함에 깃들어 있는 것은 얼굴만이 아니다. 풍경도 그렇다. 작품 중반에 오오지마에 이주한 부모님을 방문한 코지와 미사키는 어머니의 권유에 따라 '대자연'이라고 할 만한 풍경을 보러 간다. 눈앞에 나타난 그 풍경을 보고 미사키는 눈물을 흘린다. 미사키의 눈물이 우리의 허를 찌르는 참된 '사건'으로 부상하는 것은 그녀가 마주 보는 그 풍경이 그림 엽서처럼 범용하기 때문이다. 카메라는 그 풍경을 앙각[2]으로 포착하고 뭔가 비범하고 위대한 것처럼 찍는다. 그러나 그다음 카메라의 각도는 그대로 좌우로 기울어지고, 그 움직임과 함께 풍경은 서서히 비범함을 잃어 간다. 풍경이 평평해지고 평범한 모습을 드러낼 때 눈물을 흘리는 미사키를 옆에서 비스듬히 찍은 쇼트가 리버스 쇼트로 제시된다. 카메라의 이동이 사물을 노동에서 해방한다. 그래서 아오야마에게도 카메라의 이동은 윤리의 문제로 다가온다.

[2]
앙각: 올려다본 각. 영화에서는 카메라 위치를 눈높이보다 아래에 설치해 대상을 올려다보는 것처럼 촬영하는 기법과 그렇게 촬영된 화면을 지칭한다. 인물이나 대상을 보다 우월하게 보이게 하는 특징이 있다.

28

'제어'만
할 수 있다는 함정

후쿠시마 제1원전의 사고는 '일어난' 것이 아니라 지금도 '일어나고 있는' 것이다. '부흥'이 지진이나 쓰나미에만 관한 것이 아님은 바로 이 때문이다. 원자력 발전 사고는 언제까지 '일어나고 있는' 상태일 것인가? 방사성 붕괴나 반감기半減期 같은 것을 생각한다고 해도 '일어나고 있는' 상태의 종언은 우리의 상상력을 넘어 아득한 저편 미래에 속할 수밖에 없을 것이다. 그러면 언제부터 이 일은 '일어나고 있는' 것일까? 2011년 3월 11일부터? 그렇지 않을 것이다.

지진과 쓰나미는 '일어났다.' 원자력 발전 사고는 '일어나고 있다.' 이 대비는 '문제'라는 관점에서 파악할 수 있다. 지진은 여러 개의 바위 사이에서 벌어진 문제의 해결로서 일어난다. 쓰나미도 융기한 파도 안에 벌어진 문제의 해결로서 일어난다. 이에 비해 원자력 발전 사고는 다양한 효과 또는 '답'이 끊임없이 산출되고 있음에도, 그것으로 '문제'가 해결되는 일은 없다. '문제'는 자신의 주위에 다종다양한 '답'을 흩뿌려 놓으면서도 그것으로는 조금도 해소되지 않은 채 멈추어 있다.

원자력 발전 사고는 이런 뜻에서 두 가지 상이한 현실로 구성되어 있다고 할 수 있다. 한편으로는 눈으로 보이는 계측 가능한 현세적인 현실이 있는데, 거기에서는 '답'의 산출이 쉼 없이 계속된다. 동시에 다른 한편으로는 눈으로 볼 수 없는 계측 불가능한 잠재적인 현실이 있는데, 거기에서는 '문제'가 결코 소진될 수 없는 과잉의 잠재적인 에너지로 존재한다. '문제'는 스스로를 현세화시킴으로써 다양한 '답'을 현상시키지만, 그럼에도 이 현세화의 운동으로 자신의 몸뚱이를 조금도 줄이는 일 없이 잠재력의 과포화로서 늘 멈추어 있다. 그래서 원자력 발전 사고가 '일어나고 있다'는 사태에 종말은 없다.

본질적으로 여러 효과를 산출하면서도 늘 과잉이며, 늘 미해결에 그치는 문제를 앞에 두고 당연하게도 인간이 할 수 있는 일이란 그것을 해결하는 것이 아니다. 사고를 일으키고 있는 후쿠시마 제1원전의 원자로 군에 대해 정부와 도쿄전력의 방수放水나 석관石棺과 같은 대처는 실제로 결코 문제의 해결이 될 수 없다. 거기에서는 어디까지나 '일어나고 있는' 채 계속되는 사고를 오로지 제어하고 컨트

롤하는 것을 시도하고 있을 따름이다.

'제어'와 '컨트롤'이라는 조작은 사고가 있을 때만 국한되는 것이 아니라 처음부터 원자력 발전 자체가 갖고 있는 특징이기도 하다. 수력이나 화력 발전은 실제로 세속적인 문제 해결의 논의(잠재적 에너지의 해소)로 이루어진다. 수력 발전은 높은 위치에 있는 물 안의 문제가 낙하에 의해 한꺼번에 해결됨으로써 존재하고, 화력 발전은 화석 연료 안에 있는 문제가 연소에 의해 모조리 해결됨으로써 존재한다. 이에 비해 원자력 발전에 필요한 것은 핵분열 연쇄 반응을 가능한 한 감속시키는 것, 그래서 에너지 생산을 제어하는 것이며, 그러한 제어기술을 획득해야만 비로소 원자력 발전이 가능해진다. 反원자력 발전의 담론으로 자주 등장하는 이야기가 '원자력 발전은 컨트롤할 수 없기 때문에 안 된다'는 것인데 사실은 그 반대다. 원자력 발전은 컨트롤밖에 할 수 없는 것(결코 해결할 수 없는 것)이다.

원자력 발전 후 다 사용한 핵연료나 핵폐기물의 취급에 관해서도 문제를 해결할 방법은 없다. 중간 저장에서 처리를 거쳐 최종 처분에 이르는 과정에서 일관되게 의문이 드는 것은 다 사용한 핵연료에 들어 있는 잠재적 에너지의 영구적인 과포화와 그 한없는 현세화의 운동을 어떻게 제어하는가라는 문제다. 요컨대 제어라는 조작의 연속성으로 볼 때 원자력 발전 과정에 정상과 예외의 구별은 없다. 그래서 모두들 사고는 '예상할 수 있었다'고 말하는 것이다. 그러나 오히려 원자력 발전 자체가 이미 사고라고 말하지 않을 수 없다. 원자력 발전 사고가 '일어나고 있는' 것은 2011년 3월 11일 이후가 아니다.

히로시마와 나가사키의 피폭자들이 우리에게 이야기해 온 것은 '피폭'에 대한 다음과 같은 진리였다. 피폭이란 우리의 심신 외부에서 발생한 '번쩍'이 그대로 우리 심신 내부에 차곡차곡 쌓여 순수한 잠재력으로서 새겨진다는 진리, 또한 그래서 '번쩍'은 단지 '온' 것이 아니라 늘 '오는' 것이라는 진리말이다. 피폭에 의해 우리는 자신의 심신을 파괴할 염려가 있는, 그러나 정체를 알 수 없는 커다란 힘을 결코 해결할 수 없는 과잉의 '문제'로서 자신의 심신 안에 항구적으로 끌어안아야 한다. 원자력 발전 사고에 대해서도 마찬가지다. 외부가 내부에 그대로 쌓임으로써 우리는 한 사람 한 사람이 내면적으로 '문제'를 안고 살아가도록 강요당한다. 2011년 3월 11일 이후 많은 사람이 살아가면서 부인하기 어렵게 되어 버린 '불안'은 각자의 해결 능력을 훨씬 뛰어넘는 커다란 힘이 이렇게 그대로 심신 안에 새겨져 버렸다는 점에서 유래한다.

만약 자신의 심신 안에서 자신을 뛰어넘는 과잉의 힘을 찾아냄으로써 발생하는 부정적이고 파괴적인 효과가 '불안'이라고 한다면, 이 '불안'을 그대로 반전시킴으로써 과잉의 힘으로 가득 찬 자신의 심신을 긍정적이고 창조적으로 다시 발견하는 것도 가능하지 않을까? 반원자력 발전의 핵심은 바로 이 점에 있어야 할 것이다.

물론 원자력 발전 폐지도 중요하다는 것은 말할 것도 없다. 그러나 '원자력 발전을 폐지하라!'는 슬로건 아래 원자력 발전 사고가 이미 현재 '일어나고 있다'는 사실을 경시해서는 안 된다. 반원자력 발전을 호소하면서 거리나 광장을 가득 메운 우리에게는 늘 방사선이 쏟아지고 있고, 처음부터 우리 자신이 그것에 대해 충분히 자각하고 있다는 것도 간과해서는 안 된다. 반원자력 발전은 이제부터 사고를 일으킬지도 모르는 원자력 발전의 정지와 원자로의 폐쇄를 호소할 뿐 아니라 현재 이미 '일어나고 있는' 원자력 발전 사고에도 'No'를 외치며 행동하지 않으면 안 된다.

질 들뢰즈를 지속적으로 자극해 온 것으로도 알려진 프랑스의 기술론 철학자 질베르 시몽동Gilbert Simondon[1]은 '개individu'(個)와 '주체sujet'를 구별하고, 후자를 '개 이상의 것'으로 정의했다. 누구나 개로서 분화된 측면 이외에도 미분화된 전前 개체적인 측면을 '그 이상'으로 늘 남기고 있다는 것이다. '불안'은 자기를 그러한 '주체'로 발견할 때의 부정적인 효과인데, 그렇기 때문에 과잉의 힘으로 가득 찬 자신을 적극적으로 긍정하기 위한 계기도 될 수 있다. 2011년 6월 11일의 반원자력 발전 데모가 특히 즐거움으로 넘쳤다고 한다면, 그것은 거기에서 우리가 '문제'의 공유에 기초한 '반전反轉된 원전 사고', 즉 주체의 봉기를 경험했기 때문임에 틀림없다.

29

얽히고설킨
공간의 시대

데이비드 하비David Harvey[1], 마이크 데이비스Mike Davis[2] 등의 인문계 저자 중에 근래 화제를 모으는 사람의 대다수는 지리학 출신이다. 사상이나 비평 분야에서 오랫동안 중심적인 지위를 차지했던 역사학이 지금은 지리학에 자리를 내주고 있다.

일찍이 미셸 푸코가 '다음 세기는 질 들뢰즈의 것이 될 것'이라고 했을 때 염두에 두었던 점도 역사에서 지리로의 이행이었다. 들뢰즈의 작업이 지니는 매력은 실제로 펠릭스 가타리와 만난 이후, 특히 '영역', '영토' 같은 개념을 사용하여 철학을 '지리'로 이야기하는 것('지리철학')이었다.

푸코 자신은 어떠했을까? '고고학'이나 '계보학'을 표방한 작업이 많은 푸코를 '역사' 쪽 사람이라고 하여 '지리' 쪽 사람인 들뢰즈와 대치시키는 안이한 도식은 빈약한 발상일 뿐이며 사실도 아니다. 들뢰즈와 마찬가지로 푸코의 공적도 역사를 대신하여 지리를, 시대를 대신하여 공간을 사상과 비평의 중심적인 무기로 삼았다는 데 있다(이 점에서 가장 잘 알려진 예는 '파놉티콘 시스템'[3]의 묘사

를 통한 권력 분석일 것이다). 이 점을 통해 두 사람은 동시대인이었다
고 이야기할 수 있다.

《말과 사물Les mots et les choses》(1966)의 간행 직후, 푸코는 라디오
프로그램과 건축가의 연구회에서 '공간'에 대해 같은 내용으로 강
연을 했다. 서두에서 푸코는 19세기를 '역사'에 신이 들린 시대였
다고 하고 나서, "현대는 오히려 공간의 시대라고 말할 수 있을지
도 모릅니다"라고 말했다.

푸코가 현대를 '공간의 시대'라고 한 것은 이중의 의미에서였다.
첫째로 현대에는 세계가 시간의 흐름이 아니라 공간의 확대를 통
해 살아가도록 되어 있다는 것, 이른바 '사물'의 레벨에서 객관적
으로 확인된다는 점이다("세계는 시간에 따라 전개되는 위대한 삶으로
보다는 다양한 점을 잇는 복잡한 네트워크 같은 것으로 경험하게 되었다").
둘째로 공간을 '죽은 것, 고정된 것, 비변증법적인 것'으로 경멸하
는 한편, 시간을 '비옥한 것, 살아 있는 것, 변증법적인 것'으로 추
켜세워 온 19세기적 발상과 결별하고, 사물의 공간적 파악의 중
요성을 깨닫지 않으면 안 된다는 것이다("담론적인 사상을 공간화하
여 묘사함으로써 그러한 사상과 결부된 권력 효과를 분석할 수 있게 된다"

1
데이비드 하비(1935~): 영국의
지리학자. 1970년대부터 40년
동안 일반 대중과 함께 마르크
스의 《자본론》을 강독해 왔으
며, 유연한 마르크스주의자라
고 평가받는다. 주요 저서로는
《포스트 모더니티의 조건》,《데
이비드 하비의 맑스 '자본' 강
의》 등이 있다.

2
마이크 데이비스(1946~): 미국
의 도시사회학자. 경제와 사회,
생태와 환경, 정치적 불공정 등
에 초점을 맞춰 현대 사회가 직
면한 위기를 비판적으로 연구
하고 있다. 2007년에는 래넌 문
학상을 수상했다. 주요 저서로
는 《수정 도시》,《슬럼의 행성》,
《문 앞의 괴물》 등이 있다.

3
파놉티콘: 'pan'(모두)과 'opticon'
(보다)을 합성한 조어. 1791년에
제러미 벤담이 죄수를 감시할
목적으로 고안한 원형감옥이다.
푸코는 《감시와 처벌》에서 파놉
티콘의 원리가 사회 전반으로
파고들어 규범 사회의 기본 원
리인 파놉티시즘으로 바뀌었음
을 지적했다.

등). 그리하여 이를 실천하기 위한, 이른바 '언어' 차원의 주관적인 표명이 있었는데, 각각 〈유토피아와 헤테로토피아[4]〉, 〈다른 공간에 대해〉라는 제목으로 행한 두 번의 강연이 그것이었다. '헤테로토피아'라는 낯선 말은 푸코 자신이 만든 조어로 '다른 공간'과 같은 뜻이다. 푸코는 우리가 살아가는 공간이 균일하고 밋밋한 곳이 아니라 복잡다단하고 농염이 있는 다양한 '장'으로 분할된 것임을 확실히 표명하고, 나아가 공간을 구성하는 '장'의 집합 속에는 '절대적으로 다른 장'이 곳곳에 얽혀 들어 있다고 지적한다.

"다른 모든 장과 대극을 이루면서 그것을 뭉개 버리거나 중립화시키거나 정화하거나 하는" 특별한 장이야말로 '헤테로토피아'라는 이름으로 불릴 만하다. 그런데 푸코는 그러한 '대항 공간'이 기타의 장과 똑같이 실재한다는 점을 강조한다. 즉 유토피아라는 '실재하지 않는 장'과는 구별되는 '실재하는 유토피아'라는 것이다.

'목요일 늦은 오후'에 아이가 살며시 파고드는 '부모의 침대'에서 시작하여 정원이나 휴대용 정원이라고 할 수 있는 융단, 묘지, 유곽, 감옥, 광인 등의 수용 시설, 바캉스촌, 저잣거리, 극장, 영화관, 박물관, 도서관, 나아가 식민지 등을 거쳐 바다 위의 배에 이르

4
헤테로토피아: 헤테로는 '다른 성질의 것을 포함하는 것'이란 뜻. 동일한 것들이 단일한 중심을 향해 있는 공간이 유토피아라면, 헤테로토피아는 이질적인 요소들이 혼란스럽게 병치된 공간이다. 유토피아가 부재성을 띠는 반면, 헤테로토피아는 실재성을 띤다.

기까지 온갖 예를 들면서 푸코는 헤테로토피아를 분석하기 위한
다음의 여섯 가지 '원칙'을 제시한다.

(1) 어떤 문명도 헤테로토피아를 가진다. (2) 같은 헤테로토피아
라도 시대에 따라 기능이 다른 경우가 있다. (3) 헤테로토피아에서
는 본래 섞일 수 없는 복수의 장이 중첩된다. (4) 헤테로토피아는
'다른 시간'을 만들어 낸다. (5) 헤테로토피아에는 입구와 출구가
있다. (6) 헤테로토피아는 공간 전체 가운데 고유의 기능을 가진다.
그러면서 이 강연은 다음과 같은 한마디로 막을 내린다. "배도 하
나의 헤테로토피아입니다. 배를 갖고 있지 않은 문명에서는 꿈이
썩어 문드러져 스파이 활동이 모험을 대신하고, 경찰이 해적을 대
신하게 됩니다."

아미노 요시히코網野善彦[5]는 역사학계에서 이단의 존재로 취급받
았기 때문에 푸코나 들뢰즈와 동시대를 살아온 것처럼 여겨진다.
그가 그토록 마이너리티의 계보학을 가지고 씨름한 것도 푸코가
스스로에 대해 '공간의 강박증'이라 부른 것에 매료당했기 때문이
아닐까? 아미노의 일본중세사 연구는 실제 다른 모든 장(교과서적
인 정사正史가 기술記述의 대상으로 삼아 온 장)의 바깥에 있으면서도 확

실히 실재하는 '절대적으로 다른 장'을 묘사했다.

푸코는 '다른 시간'을 만들어 내는 예로 바캉스촌과 저잣거리를 한 덩어리로 언급했을 뿐이지만, 아미노는 헤테로토피아의 하나로 저잣거리의 중요성을 특히 강조했다. 그는 다음과 같이 말한다. "저잣거리에 들어가면 물건도 사람도 세속의 인연으로부터 끊어져 버리지요. 즉 '무연無緣'의 상태가 되는 것이 아닐까 합니다. 그렇게 되었을 때 비로소 물건과 물건을 물건 그 자체로 교환하는 것이 가능해집니다."

그러나 이러한 발언에 이어 다음과 같은 말을 덧붙인 것을 볼 때, 아미노는 푸코의 논의에 앞선 것을 직시했음에 틀림없다. "이렇게 세속의 인연으로부터 끊어진 상태가 시장과 교역에 나타난다는 것은 근대의 상품 교환, 시장 원리의 원점이라고 해도 좋은데요. 여기에서 꽤 중요한 문제가 제기되는 것은 아닐까 합니다."

1970년 초반 금본위제의 정지, 변동환율제로의 이동을 계기로 자본에 의한 사회의 실질적인 포섭(글로벌화)이 시작되었다고 볼 수 있다면, 여기에서 말하는 '꽤 중요한 문제'는 시장이라는 유일한 헤테로토피아 아래로 사회 전체가 통째로 휘말려 들고 말았다는 기괴한 현실을 가리키는 것이라고 볼 수 있지 않을까?

사람, 물건, 돈 모두를 무연의 것으로 만들고 삼자와의 새로운 만남 속에서 각각을 노동력, 상품, 자본으로 전화시키는 절대적으로 다른 장, 시장의 전지구화, 이것은 '배를 갖고 있지 않은 문명'이라기보다 문명 전체가 배 또는 서핑보드가 되었다고 해야 할 사태다. 입구도 출구도 사라진 것은 헤테로토피아뿐만이 아니다. 가정, 학교, 직장 같은 다른 모든 장도 필연적으로 완벽하게 연결되어 있다. 그러한 '통제사회'(들뢰즈) 안에서 우리는 쉼 없이 모험하는 해적, 또는 서로를 정탐하는 경찰로 살아가야 한다. 한마디로 '풀 수 없는 물음'과 끊임없이 부딪히면서 기쁨도 슬픔도 피로함으로밖에 경험할 수 없는 존재로서 살아가게 되는 것이다.

30

모두가 이야기하다
모두를 이야기하다

플라톤의 《국가》에는 다음과 같은 말이 있다.

> 국가가 생겨나는 것은 각자가 혼자서는 자족할 수 없고 많
> 은 것에 부족을 느끼기 때문이다. (…) 사람은 어떤 것에 부
> 족을 느낄 때에는 어떤 사람과 관계를 맺고, 다른 것에 부족
> 을 느낄 때에는 다른 사람과 관계를 맺어 왔다. 이렇게 부족
> 함의 양상이 다양하기 때문에 여러 사람이 한집에 모여 살
> 며 서로를 돕게 된 것이다. 우리는 이러한 협동 조직을 '국
> 가'라고 이름 지었다.

자크 랑시에르의 작업은 여기에서 말하는 각자의 무력함과 부족
함, 그리고 거기에서 비롯되는 분업의 필요성이라는 전제와 필연
성을 모두 뒤엎고자 하는 시도와 맞닿아 있다. 《국가》에는 이런 물
음도 나온다.

사람은 자신의 일에 전념하면서 다른 사람을 위해 그 일을 계속해야 할 것인가? 그렇지 않으면 다른 사람들은 고려하지 않고 모든 일을 스스로 해내야 할 것인가?

플라톤은 전자라고 대답하는데, 그 이유를 "우리는 모두 똑같은 자질을 갖고 태어난 것이 아니다. 어떤 사람은 어떤 일을 하는 것이 어울리고, 다른 사람은 다른 일을 하는 것이 어울리기 때문"이라고 말한다. 랑시에르의 논의는 여기에 대해 다음과 같이 대답하면서 시작된다.

생각하고 말하는 자질을 태어나면서부터 갖추고 있는 사람과 그렇지 않은 사람이 있기 때문에 경영자와 노동자, 통치하는 사람과 통치받는 사람과 같은 분업이 출현하는 것인가? 오히려 그 반대가 아닌가? 통치자와 피통치자 사이에는 타고난 자질이나 능력의 차이는 조금도 없는 것이 아닌가? 사람은 모두 똑같은 능력을 갖고 있는 것이 아닌가? 능력의 절대적인 '평등'이야말로 '전제'로 삼아야 할 것은 아닌가?

‘누구나 똑같은 능력을 갖추고 있다’ 또는 ‘누구나 그 어떤 부족함도 없이 모든 능력을 구비하고 있다’는 것을 전제로 삼을 때 우리는 다음 두 가지를 찾아낼 수 있다. 하나는 각자의 신체와 정신이 지닌 압도적인 가소성可塑性이며, 또 하나는 모든 사람이 공유하는 이 가소성을 둘러싸고 길항하는 두 가지 상이한 힘이다. 이 두 가지 힘 중 하나는 사회 안에서 구성원 각자에게 특정한 역할이나 지위를 배분하고 그 배치를 고정적으로 유지하고자 하는 힘이다. 랑시에르는 이것을 ‘폴리스police’라고 부른다. 또 하나의 힘은 각자의 정신과 신체가 지닌 가소성을 사회 안에서 구체적으로 실현시키고자 하는 힘이다. 그가 보기에 ‘정치politique’라고 부를 수 있는 것은 오로지 이 힘이다. 그러므로 각자에게 ‘정치’란 ‘폴리스’가 자신에게 할당해 준 특정한 지위나 역할에만 머무르는 것이 아니라 다른 사람의 지위나 역할도 ‘횡령’해 감으로써 자신의 다양한 능력을 더욱 광범위하게 발휘시키는 동시에 사회적인 역할 배분을 항상 요동시키는 것을 가리킨다.

랑시에르는 이와 같은 의미의 ‘정치’가 출현한 사건으로 19세기 전반에 일어났던 ‘노동자의 해방’과 이와 거의 비슷한 시기에 집필

된 귀스타브 플로베르Gustave Flaubert[1]의 《보바리 부인Madame Bovary》
을 손꼽는다. 19세기의 노동자들은 사고 활동이나 언어 활동과 같
은 역할을 고용주나 통치자로부터 횡령하여 폴리스에 의한 능력의
배분을 뒤흔들면서 자신이 가진 다양한 능력 전부를 발휘하려고
시도했다. 이와 동시대인인 엠마 보바리도 '폴리스'에 의해 할당받
은 당연한 지위 또는 영역에 머무르지 않고 '모든 것을 느끼고 모
든 것을 경험하는' 방향으로 나아간 것이다. 노동자들은 노동을 멈
추는 법이 없었고, 엠마 보바리는 시골 유지의 부인 노릇을 그만두
는 법이 없었다. 둘 다 '폴리스'의 논리에 따르면 '상호 모순'이라고
할 만한 다양한 역할이나 영역을 차례로 자신의 것으로 취해 갔던
것이다.

그럼에도 위와 같은 '고고학적' 고찰에서 랑시에르는 결코 '절
단'을 이야기하는 법이 없다. 그의 논의는 늘 고정적인 배분이나
경계선을 뒤흔드는 것을 문제로 삼는데, 시대 구분도 예외는 아니
다. 그가 보기에 19세기에 벌어진 일은 하나의 '절단'에 의해 '폴리
스'에서 '정치'로 이행한 것이 아니라, '폴리스'와 '정치'라는 상호
모순적인 힘이 중첩되어 공존하는 것이다. 그의 예술론에 대해서

1
귀스타브 플로베르(1821~1880):
프랑스의 작가. 꿈 많고 무언가
에 천착하기를 좋아하는 자신
의 모습을 우스꽝스럽게 표현
한 작품을 많이 썼다. 문학을 언
어의 문제로 환원시킨 최초의
작가이자 누보로망의 원류라고
평가받는다.

도 똑같이 말할 수 있다. 예술사를 논할 때 그가 곧장 물리치는 것은 클레멘트 그린버그Clement Greenberg[2]가 대표하는 이른바 '모더니즘' 담론이다. 랑시에르는 구상회화 시대와 추상회화 시대 사이에는 하나의 절단이 있고, 이 절단에 의해 예술은 '사물의 재현전再現前'에서 '색채나 선의 순수한 현전現前'으로 이행했다는 식의 담론에 반대한다. 그는 오히려 하나의 작품 속에 존재하는 재현전과 현전이라는 상호 모순적인 '체제'의 중첩과 '시대의 혼재'를 강조한다.

이렇게 '정치'를 논하는 랑시에르 자신이 사색하는 행위 자체 안에서 '정치'를 실천한다는 것, 그것도 의식적으로 실천한다는 점은 흥미롭기 짝이 없다.

> 내가 해온 일은 몇몇 다른 학문 영역으로 분류할 수 있습니다. 철학에 속하는 것, 사회사, 미학, 정치철학에 속하는 것 등등이라고 할 수 있지요. 하지만 내가 늘 인정하지 않으려고 애써 온 것은 실로 이러한 학문 영역의 분할과 배분입니다.

보바리를 이야기하는 랑시에르 자신이 그 이야기 속에서 보바리

[2] 클레멘트 그린버그(1909~1994): 미국의 평론가. 1930년대에 마르크스주의의 입장에서 문학과 미술 평론을 했다. 평론집 《예술과 문화》가 미술계에 커다란 영향을 끼치면서 미국 미술뿐 아니라 현대 예술 전반의 이론적 지주가 되었다.

가 된다. '철학' 교수이면서 '모든 것을 이야기한다.' 그 이야기에
는 무자격자이기 때문에 '아마도'나 '거의'와 같은 유보가 늘 따라
붙게 될 것이다. '이론'이라기보다는 '우화'나 '시작詩作'에 가까운
것이 될 것이다. 그러나 그곳이 바로 정치적 이야기의 장場인 것이
다. 유보 없는 단언이나 확언을 스스로 허용하는 이야기는 전문가
와 아마추어의 구별을 전제로 삼는 영역 분할을 부활시키는 것밖
에 안 된다. 전문가와 아마추어의 구별 바로 직전에 아마추어로 있
는 것, 무자격자의 자격으로 모든 것을 이야기하는 것, 이것이야말
로 '정치'인 것이다.

　운동도 마찬가지다. 정치 조직은 이익단체나 압력단체와 혼동되
어서는 안 된다. 정치 조직이란 '그 어떤 예외도 없이 온갖 일에 대
해 발언하는' 동시에 그렇게 하여 '누구나 갖고 있는 능력을 모든
곳에서 발휘하는' 조직을 말한다. 거꾸로 말하면, 특정한 문제에 대
해서만 발언할 것을 허용하고 특정한 영역에만 투쟁의 장을 한정
해 버리는 집단은 아무리 올바르고 근본적이라고 해도, 랑시에르
에게는 정치 조직이라는 이름에 합당하지 않다. 그들은 폴리스적
배분의 틀 안에 머물러 있을 따름이기 때문이다. 이를테면 비정규

직 노동자 그룹이 약품 공해 문제, 팔레스타인 문제, 문학사, 마네의 그림, 현대 사상…… 이 같은 모든 일에 대해 무자격자의 자격으로 개입할 때, 그러나 동시에 비정규직 노동을 둘러싼 투쟁에서도 똑같이 무자격자라는 자격에 멈추어 서있을 때에야말로 정치는 시작된다. 한마디로 모두가 이야기하고 모든 것을 이야기하는 것, 이것이 민주주의인 것이다.

31

원자력 발전과
봉기

물은 응고점(융점)인 섭씨 0도 이하에서 냉각해도 고체화(빙결)하지 않고 액체로 남아 있는 경우가 있다. 이러한 과냉각(과융해)의 경우에서 볼 수 있듯이 전이점(여기에서는 응고점 또는 융점)을 지나도 상전이相轉移(여기에서는 액체에서 고체로 바뀌는 구조 상전이)가 발생하지 않고 멈출 때, 이때의 시스템 상태를 '준안정metastability'이라고 한다.

응고점 이하에서도 액체 상태인 물은 외부의 자그마한 자극(진동이나 결정 등)만으로도 곧바로 얼어붙는다. 이것은 눈사태에 비유할 수 있다. 눈사태는 경사면에 쌓여 정지해 있던 눈이 외부의 사소한 진동에 의해 한꺼번에 무너져 내릴 때 일어난다.

사물은 두 가지 현실로 구성되어 있다. 사물에는 정지와 운동, 안정stability과 불안정instability과 같은 대비를 통해 파악할 수 있는 현세적인 현실이 있다. 한편, 이와는 달리 힘이나 에너지로 구성되어 있는 잠세적인 현실이 있다. 응고점 이하에서 냉각해도 액체 상태인 물이나 경사면에 정지해 있는 눈의 퇴적에는 각각 액체라든가 정지 상태처럼 눈에 보이는 현세적인 현실과는 별개로 잠재적 에너지의 과포화라는 눈에 보이지 않는 잠세적인 현실이 있다. 후자의 현실이 외부의 자극을 통해 물이나 눈을 새롭게 상전이로 이끄는 것이다.

이를 다르게 표현하면, 과냉각수나 경사면에 쌓인 눈은 각각 자기 안에 '문제'를 안고 있다는 말이다. 잠재적 에너지의 과융화는 하나의 문제이고, 이 문제가 외부의 자극을 통해 일제히 해결됨으로써 빙결과 눈사태가 일어난다.

지진이나 쓰나미도 문제의 해결로서 발생하는 현상이라고 할 수 있다. 지진은 여러 암석 사이에 존재하는 문제의 해결이며, 쓰나미는 굴곡지고 우뚝 솟은 파도 안에 존재하는 문제의 해결이다. 둘다 잠세적인 현실의 잠재적 에너지의 과포화가 현세적 현실의 상전이라는 형태로 해소된다.

원자력 발전 사고도 물론 문제의 해결로 이야기할 수 있을 것이다(원자력 발전이 애초에 떠안고 있던 '문제'가 사고의 발생으로 해결된다). 그러나 과융화 상태였던 잠재적 에너지의 해소라고 하여 원자력 발전 사고를 지진이나 쓰나미와 같은 것으로 이야기한다면 곤란하다. 그러면 지진이나 쓰나미가 '일어난' 사건인 데 비해 원자력 발전 사고는 '일어나고 있는' 사건이라는 사실을 포착할 수 없다. 원자력 발전 사고는 빙결이 아니라 과냉각수 자체, 눈사태가 아니라 경사면에 쌓인 눈에 비견할 만한 사건인 것이다.

실제로 현재 사고를 일으키고 있는 후쿠시마 제1원전 원자로의 특징은 그러한 현실이 지닌 분명한 이중성에 있다. 한편으로는 불안정에서 안정을 향해 가고 있다는 발표나 보도의 대상이 된다는 현세적인 현실이 있다. 그러나 눈에 보이는 범위 안에서 계측 가능한 현세적인 현실과는 별개로 눈에 보이지 않는 범위 안에서 계측 불가능한 잠세적 현실이 있다. 사고가 일어난 이래, 일본 정부나 도쿄전력의 '서투른 정보 공개'가 국내외 미디어, 외국 정부 등에 의해 비판을 받았는데, 일본 정부와 도쿄전력 쪽에서 보자면 이것은 주로 후자의 현실에 관련한 것이 될 것이다(물론 미디어나 외국 정부가 비판하는 '서투름'의 범위는 계측 가능한 현실에 대한 정보 공개까지 아우른다). 잠세적 현실의 수준에서 정부나 도쿄전력은 정보 공개에 단지 '서투른' 것이 아니라 처음부터 '정보' 같은 것을 일체 갖고 있지 않았다. 눈에 보이는 상相으로 현상하지 않는다는 의미에서 이른바 순수한 '존재'라고 할 계측 가능한 현실은 이것과 동시 병행하여 눈에 보이는 다양한 상으로 현상하는 계측 가능한 현실로부터 귀납할 수 있는 것도 아니다.

원자력 발전 사고는 빙결이나 눈사태처럼(또는 지진이나 쓰나미처럼) 준안정 상태의 해결로서 '일어난' 것이 아니라 과냉각수나 경사면에 쌓인 눈처럼 준안정 상태 그 자체의 지속으로서 '일어나고 있다.' 가령 계측 가능한 범위 안에서 불안정에서 안정으로 점진적으로 향해 간다는 것이 진실이라고 해도, 원자력 발전 사고의 본질은 거기에 있지 않다. 사고의 본질은 바로 그러한 현세적 현실과 더불어 잠재적 에너지의 과포화가 늘 유지된다는 점에 있다. 다시 말해 그것은 가시적인 차원에서 상전이가 연속적인 답으로서 산출될 뿐만 아니라 문제가 미해결 상태로 남아 있다는 과잉에 있는 것이다. 원자력 발전 사고는 준안정에서 준안정으로 끊임없이 옮아가는 운동으로서 '일어나고 있는' 현재형이다.

과잉의 힘으로 존재하는 문제에서 나온 답이 연속적으로 현세화해 가는 운동이 있다. 이런 의미에서 원자력 발전 사고에 대한 가능한 대처는 문제의 자기 전개 운동을 '제어control'하는 것일 뿐 문제의 해결이 될 수는 없다. 정부나 도쿄전력이 취하고 있는 방수나 석관과 같은 대응은 어디까지나 잠세력으로서의 문제로부터 나온 답이 현세화하는 운동을 제어하는 것이지 문제의 해결은커녕 문제의 보류조차 되지 못한다. 문제는 과잉이라는 점에서 소진되는 법이 없다.

그런데 '제어'라는 행위야말로 원자력 발전 자체의 특징이었던 것은 아닐까? 수력이나 화력 발전은 문제를 해결하는 것(물을 높은 곳에서 떨어뜨리는 것, 연료를 연소시키는 것)이지만, 원자력 발전은 문제의 해결을 향한 자기 전개 운동을 제어하는 것(핵분열 연쇄 반응을 감속시키고 에너지의 산출을 제어하는 것)이 아닌가. 물 들이붓기나 석관과 같은 대처는 '제어'라는 측면으로 볼 때 발전을 위한 통상적인 작업과 본질적으로 하등 다르지 않다(수력이나 화력 발전에 대해서도 사고를 일으켰을 때 취해질 불 끄기나 물 끊기 같은 대응은 문제의 해결이라는 측면에서 볼 때 발전을 위한 작업과 본질적으로 하등 다르지 않다).

원자력 발전에서 문제가 늘 미해결 상태에 머무른다는 것, 답을 향한 자기 전개 운동이 늘 유지된다는 것은 사고나 발전 때에만 진실인 것은 아니다. 이는 발전에 사용되는 핵연료나 원자로, 다른 방사성 폐기물에 대해서도 똑같이 지적해야만 한다. 문제의 해결인 수력이나 화력(퍼올린 물이나 화석 연료에 있는 잠재적 에너지가 낙하와 연소에 의해 해소된다)과는 달리, 원자력에서는 발전 후에도 문제가 해결되는 법이 없다. 원자로의 폐로, 다 사용한 핵연료의 저장, 처리, 최종 처분과 같은 발전 후의 작업에서도 문제는 해결되지 않는다. 어디까지나 문제의 자기 전개 운동이 계속 제어될 뿐이다. 방사성 폐기물의 특성은 늘 준안정 상태에 있다는 것인데, 이는 '최종 처분'이 완전히 끝났다고 알려진 것에 대해서도 마찬가지다.

원자력 발전 과정에는 시작도 끝도 없다. 오로지 준안정에서 준안정으로 넘어가는 연속적인 운동이 있을 뿐이다. 그리고 운동의 연속성 가운데 발전이나 폐기물 처리와 '사고'를 명확하게 구별하는 지점은 어디에도 없다. 그래서 자주 지적하는 바와 같이, 원자력 발전 사고는 '예측 가능한' 것이다. 엄밀하게는 '예측 가능했다'고 하는 것만으로는 충분하지 않고, 발전이나 폐기물 처리가 이미 '사고'라고 해야 할 것이다. 사고가 '일어난' 것(시작되어 끝나는 것)이 아니라 '일어나고 있는' 것(시작도 끝도 없는 것)이라는 말은 그것이 늘 '일어나고 있는' 상태이기 때문이다.

원자 폭탄을 '제어한' 것이 원자력 발전이라고들 종종 설명하곤 하는데(도쿄전력도 웹사이트에서 이렇게 설명하고 있다), 이는 궤변에 지나지 않는다. 사실 원자 폭탄이 고전적인 대량 파괴 무기와 구별되는 점은 그 폭발이 문제의 해결, 잠재적 에너지의 소진이 아니라는 것에 있다. 버섯구름이 피어나고 그 구름 아래서 아무리 처참한 일이 일어난다고 해도, 원자 폭탄의 폭발에서 그것은 2차적인 것에 불과하다. 원자 폭탄의 투하로 사람들의 신체나 정신이 훼손당하는 것은 종지부가 아니라 줄임표(…)이며 늘 미해결 상태로 과잉의 문제가 지속되는 것일 뿐이다. 그 '때'가 늘 도래하는 것과 동시에 늘 아직 도래하지 않는 역설적인 '시한폭탄'이란 점에서 원자력 발전과 원자 폭탄은 조금도 구별 지을 수 없다. 피폭자들이 보기에 '번쩍'은 '온' 것이 아니라 '오고 있는' 것이다.

일반적인 의미에서 '원자력 발전 사고'는 적어도 원자력의 민생 이용civil use(일본에서는 보통 '평화 이용'이라고 부른다)이 시작된 1950년대 후반 이래, 사고가 일어나는 한복판에서 우리가 살아왔다는 것, 우리가 살아가는 현대 사회가 늘 일상화된 사고를 끊임없이 제어하는 데 기초한 사회라는 것을 새삼스레 일깨워 준다. 문제의 발생을 예외 상태로 보고 그 해결의 지향을 주축으로 삼는 사회, 시작과 끝의 반복이 산출하는 리듬에 따라 전개되는 사회는 이미 과거로 밀려나고 있다. 오늘날에는 늘 미해결 상태인 문제의 과잉이 항시적이 되어 우리의 일상을 구성한다. 오로지 준안정에서 준안정으로 이동하는 끊임없는 자기 전개 운동을 어떻게 제어해 나갈 것인가, 이것이 사회의 주요한 핵심이 되어 버렸다.

문제를 해결하는 사회에서 문제를 제어하는 사회로, 답의 사회에서 문제의 사회로 이동하게 된 것이다. 후쿠시마 제1 원전 사고가 일어난 가운데 수많은 사람들이 더욱 뚜렷하게 실감하고 있는 것은 해결 불가능한 문제와 부딪쳤다는 것, 그리고 그 속에서 나날이 살아가야 하는 현실이라고 해야 할 것이다. 이를테면 사고가 일어나고 있는 동안 도쿄에 사는 사람들이 도쿄는 괜찮다는 정부의 견해나 언론 매체의 보도를 그대로 믿었던 것은 아니다. 도쿄를 빨리 떠나는 게 좋다는 것을 알면서도, 도쿄도 위험하다는 이야기를 들은 후에는 이미 늦는다는 것을 알면서도 도쿄에 머무르는 것 말고는 경제적으로 다른 선택지를 찾아낼 수 없었던 것이다. 그 외중에 근거가 없는 말이라는 것을 백 번 천 번 자각하면서도 도쿄는 괜찮을 것이라고 믿는 시늉을 내고 있는 데 지나지 않는다.

원자력으로 전력 정책을 전환한 것은 문제 해결에 입각한 통치 형태에서 문제 제어에 입각한 통치 형태로 이행했다는 거대 서사를 통해 새겨져야 할 사건이라고 할 수 있을 것이다. 오사마 빈라덴을 사살했음에도 전혀 종지부를 찍지 못했다는 것을 미국 정부조차 공언하고 있는 '테러와의 전쟁'을 예로 들어 보자. 이것이 원자력 발전 사고나 원자력 발전 자체와 동시대적인 까닭은 양자 공히 문제 제어에 입각한 통치 형태라는 틀을 취한다는 점이다. '테러와의 전쟁'이 지향하는 바는 누구나 알고 있듯 결코 소여所與로서 존재하는 '테러리즘'의 근절이나 해결이 아니다. 그것은 어디까지나 '테러리즘'을 문제로 만들어 내고 그것을 과잉적인 해결 불가능성에 의해 유지하는 것, 그리하여 준안정에서 준안정으로 움직이는 연속적인 운동 아래 사회 전체를 포섭하는 것이다.

여기에서 질 들뢰즈로 인해 유명해진 논의인 '규율사회'에서 '통제사회'로의 이행을 새삼 떠올려도 좋을지 모르겠다. 들뢰즈가 이러한 이행을 찾아낸 분야는 다양한데, 그중 하나로 '임금'을 들 수 있다. 들뢰즈에 따르면 규율사회의 '공장'에서는 경영자가 추구하는 '될수록 높은 생산성'과 노동자가 추구하는 '될수록 높은 임금' 사이에서 균형을 찾고, 그 균형점에서 임금을 안정시키는 것을 지향한다. 반면, 통제사회의 '기업'에서는 종업원 한 사람 한 사람의 임금을 '항상적인 준안정 상태에 놓아두는 것'을 지향하게 된다. 구체적으로는 임금의 주요한 구성 요소가 기본급에서 능력급으로 이행한다는 것이다(규율사회의 공장에서도 생산량에 따른 특별 수당은 있지만, 그것은 어디까지나 2차적인 요소에 불과하다). 이를 우리의 관점에서 다시 살펴보면, 답으로서의 임금에서 문제로서의 임금으로 이행했다고 볼 수 있다. 능력급이 주축인 임금 체제에서도 매월 지불되는 임금에는 분명 각 종업원의 생산량에 부응하는 답이라는 측면도 있다. 하지만 그보다 더욱 중요한 것은 말할 것도 없이 상시적인 변동성이 늘 미해결 상태의 문제(인센티브)로서 종업원 한 사람 한 사람과 부딪친다는 점이다(마우리치오 라자라토Maurizio Lazzarato[1]는 그의 저작《'채무 인간' 제조 공장: 신자유주의적 조건에 대한 시론La fabrique de l'homme endetté: Essai sur la condition néolibérale》에서 문제=인센티브를 사람들에게 들이미는 시스템이라는 비슷한 관점에서 신자유주의의 주축을 '부채'라고 주장하고 있다).

[1]
마우리치오 라자라토(1955~): 이탈리아의 사회학자. 비물질적 노동, 노동자의 분열, 사회 운동 등에 대해 연구하면서 비상근 예술종사자나 불안정생활자의 활동에도 적극적으로 참가하고 있다. 여기에서 언급한 그의 책은 한국에서《부채 인간》이라는 제목으로 출간되었다.

들뢰즈는 말한다. "가장 가혹한 것은 어떤 체제인가, 가장 관용이 있는 체제는 어떤 체제인가를 묻는 것이 아니다. 어떤 체제에서도 해방과 예속의 대치는 똑같이 볼 수 있기 때문에." 문제 해결은 규율사회에서 지배나 통치의 원리였을 뿐 아니라 해방의 원리이기도 했다. 해방으로서 문제를 해결하는 가장 좋은 예는 두말할 나위 없이 혁명이다. 혁명이란 문제를 해결하는 것, 공유하는 답을 실현하는 것이다. 똑같은 이야기를 통제사회에 대해서도 해야만 할 것이다. 문제 제어로서의 해방, 문제를 과잉으로서 공유하는 것에 의한 해방이란 무엇인가? 그것은 봉기다.

이런 의미에서 원자력 발전 사고는 '테러와의 전쟁'뿐만 아니라 이른바 '아랍의 봄'과도 동시대적이다. 2010년 12월 이후 튀니지나 이집트, 그 밖의 아랍 국가에서 일어난 것은 혁명이 아니라 봉기다. 북아프리카나 중동에서 일어나고 있는 것은 민중에 의한 답의 공유나 답의 실현 같은 것이 결코 아니다. 민중의 행동 자체가 문제로서 생겨난다. 그것은 어떤 답으로 수렴되는 것이 아니라 민중이 껴안고 살아가는 '문제'인 것이다. 봉기는 단지 레닌이나 볼셰비키의 부재를 의미하는 것만은 아니다. 봉기는 문제를 창출하면서 문제를 껴안고 준안정에서 준안정으로 끊임없이 움직이는 운동이다. 결코 마르지 않는 잠재적 에너지의 과잉을 그대로 긍정하는 것이 자 거대한 기호(답)로 수렴할 수 없는 미세한 기호의 내적 공명(문제)이다. 그래서 봉기는 지도자나 전위당을 알지 못한다(2011년 4월 10일에 고엔지[2]에서 데모가 있었을 때, 이 데모를 주동한 그룹 '아마추어의 반란'이 원자력 발전을 대신할 전력 에너지가 무엇이냐는 언론의 질문에 '모르겠다'고 대답하여 일부 사람으로부터 비판을 받은 일이 있었다. 하지만 모르겠다는 그 대답은 우리 입장에서 볼 때 당연하다고 할 수 있다. 고엔지의 데모는 전위 정당이 제안한 새로운 답에 찬성하고 이를 공유하는 사람들의 혁명적 행위가 아니었다. 그들은 내적 공명을 기반으로 문제를 창출하고 그것을 삶 속에 껴안고 살아가는 사람들의 봉기였다).

후쿠시마 제1원전에서 일어나고 있는 사고에 의해 훨씬 많은 사람들은 문제의 과잉으로서 자신의 일상을 살아가야 한다는 것을 부인하기 어려워졌다. "갑작스런 혼돈catastrophe에 의해 일상성(노동, 정치, 예술, 국가, 자본 등)에 균열이 생긴다(《도래해야 할 봉기来たるべき蜂起》번역위원회)." 결코 메울 수 없는 '균열'이라는 일상을 살아가야 하는 것을 봉기라고 부른다면, 데모를 비롯한 다양한 행동에 참

[2]
고엔지: 일본 도쿄 스기나미구의 동네. 3·11 대지진 이후 청년 운동 그룹 '아마추어의 반란'의 마쓰모토 하지메 등이 이곳에서 반원자력 시위를 주도하고 있다. 2011년 4월 10일의 집회는 유례없이 1만 5천명이 참가하여 반원자력 투쟁 확산의 기폭제가 됐다.

가하는 사람의 수와는 상관없이, 2011년 3월 중순 이후 일본에서 우리는 적어도 봉기의 시대를 맞이했다고 할 것이다.

혁명의 기쁨은 그것이 '일어났을' 때 생겨나지만, 봉기의 기쁨은 그것이 '일어나고 있을' 때 생겨난다. 혁명은 기쁨으로 가는 과정이지만, 봉기는 그 자체로 기쁨의 과정이다. 혁명에서 발생하는 모든 피로는 문제가 해결되었을 때 기쁨으로 보상받지만, 봉기에서는 문제를 껴안고 살아가는 피로가 기쁨과 일체를 이루고 있다. 문제 해결 사회에서는 도래해야 할 해방의 기쁨이라는 약속 아래 피로를 불문에 부치지만, 문제 제어 사회에서 피로는 해방의 기쁨을 지속시키는 조건으로 떠오른다. 요컨대 혁명은 피로를 알지 못하지만, 봉기는 피로하다. 우리가 봉기의 시대를 살면서 쌓아 가는 것은 피로뿐만이 아니다. 방사선 피폭 양도 쌓여 간다. 그것은 그러한 축적이 우리의 신체와 뇌에 파놓은 '균열'을 물리적으로 한층 벌어지게 하는 일이기도 하다.

오늘날의 데모가 기쁨인 동시에 피로인 까닭은 도로를 가득 메우고 자유롭게 걸어 다니는 것을 허락하지 않고 단지 좁은 길가에서 움츠리고 걷도록 강요하기 때문은 아니다. 답을 향해 가는 데모, 불안정에서 안정으로 향하는 데모가 아니라 문제를 껴안고 살아가는 데모, 준안정에서 준안정으로 나아가는 데모이기 때문에, 다시 말해 종착점이나 종지부가 아니라 휴지부에 불과한, 시작도 끝도 없는 데모이기 때문이다. 들뢰즈는 이를 가리켜 '뱀'이라 부르면서, 시작과 끝으로 구획이 나뉜 선분 위로 살짝 얼굴을 내밀고는 또다시 다른 선분 위로 얼굴을 내미는 옛날의 '두더지'와 구별했다. 뱀은 선분을 알지 못하고 데모와 일상을 전혀 구별하지 않는다. 뱀은 땅속에서 휴식을 취할 줄 모르고 피로를 축적하면서 오로지 땅 위를 기어 다니는데, 그 땅 위에는 끊임없이 방사선이 쏟아져 내리고 있다. 피로와 피폭의 선, 그것이다. 그러나 그것이 뱀들과 우리의 해방의 선이며 기쁨의 선이다. 뱀이 된다는 것은 이 문제를, 즉 어디까지나 과잉의 힘으로서의 이 '균열'을 살아가는 것이다.

32

모든 것 속에
모든 것이 있다

2011년 9월 11일 도쿄에서 6만 명이 참가한 원자력 발전 반대 데모 도중 참가자 열두 명이 체포당했다. 그들 중 한 사람이 석방 후 재미있는 이야기를 들려주었다. 취조를 담당한 경찰관이 말하기를, "도대체 뭘 원하는지 도통 알 수가 없단 말이야……."라고 투덜댔다는 것이다.

노련한 베테랑 경찰관답게 그의 감각은 아주 날카로웠다. 감각이 둔한 사람이었다면 '원자력 발전 반대를 내건 데모니까 따질 것도 없이 탈脫원자력 발전을 주장하는 것이겠지'라고 '이해하고' 넘어갔을 것이다. 그 경찰관은 원자력 발전에 반대하거나 탈원자력 발전을 주장하는 것 자체를 '도통 알 수가 없다'고 한 것이 아니다. 원자력 발전 반대나 탈원자력 발전을 주장하는 외침이 단순히 '히스테리'로밖에 들리지 않는 자는 오직 이시하라 노부테루石原伸晃[1] 하나일 것이다. 하지만 그 경찰관은 '원자력 발전 반대'를 내건 데모 속에서 원자력 발전 반대, 탈원자력 발전의 목소리와 동시에 그것과는 이질적인 과잉의 무언가를 듣고 말았고, 과잉의 무언가를

‘도통 알 수가 없다’고 한 것이다. 이때 그에게 과잉의 무언가는 소음으로밖에 들리지 않았다는 말이 된다.

그 경찰관의 감각이 날카로운 까닭은 원자력 발전 반대 데모 속에서 그 이상의 무언가가 있다는 것을 주의 깊게 통찰해 냈기 때문만은 아니다. 그에게는 소음으로밖에 들리지 않는 과잉의 무언가야말로 어쩌면 ‘원자력 발전을 중단하라’는 의사를 표명하는 일보다도 데모에 참가한 사람들이 ‘진짜 원하는’ 일이라는 기묘한 사실을 눈치챘기 때문이다. 이런 의미에서 그가 ‘도통 알 수 없다’고 한 사태는 영화에 비유하자면 다음과 같은 쇼트와 리버스 쇼트라고 말할 수 있다. 우선 정부, 관료, 업계에 학계와 매스컴이 가세한 복합체가 나서서 ‘그럼에도 원자력 발전은 필요해’라고 합창하며 캠페인을 벌이는 쇼트가 먼저 제시된다. 그 다음에 그에 대한 리버스 쇼트로서 원자력 발전 반대 데모를 벌이는 사람들을 찍은 쇼트가 나온다. 그런데 두 번째 쇼트에는 거기에 찍혀 있으리라 예상한 것과는 완전히 다른 무언가가 엉뚱하게 찍혀 있다. 두 개의 쇼트 사이에 존재하는 툭 불거진 어긋남 또는 불연속성이야말로 경찰관이 ‘도통 알 수 없다’고 지적한 바로 그것이다.

1
이시하라 노부테루(1957~): 일본의 정치인. 종군위안부를 부인하며 온갖 망언으로 비난을 받은 이시하라 신타로의 아들이다. 2011년 6월 14일의 기자회견에서 후쿠시마 원전 사고에 대해 “그토록 큰 사고가 일어났으니 집단 히스테리에 빠지는 것은 이해한다”고 말했다.

가라타니 고진柄谷行人[2]이 데모에 참가했다. 그러나 그는 이제까지 우리가 알고 있던 '가라타니 고진'이 아니다. 그는 2011년 6월 5일 도쿄의 기노쿠니야 서점에서 개최한 심포지엄 〈지진 재해 및 원자력 발전과 새로운 사회 운동〉에 모습을 드러냈다. 가라타니는 그 자리에서 《은유로서의 건축隱喩としての建築》등을 발표한 시절의 자신은 대안을 제시하는 '건축가architect'였다고 회고한 뒤, 오늘날의 자신은 '건축가'가 아니라 '아티스트artist'라고 밝혔다. 자신은 어디까지나 '아티스트'의 자격으로 매번 데모에 참가해 사람들을 향해 '자, 데모하자!'라고 외치고 있다고 발언한 것이다. 만약 가라타니가 데모에 참가하면서도 이제까지 그랬던 것처럼 '건축가'였다면, 분명 앞에 나온 경찰관으로부터 '도통 알 수가 없다'는 반응이 나올 리 없었을 것이다. '그럼에도 원자력 발전은 필요하다'고 주장하는 '건축가'를 찍은 쇼트에 대한 리버스 쇼트라면, 다시 말해 이에 반대하여 대안을 제시하는 또 다른 '건축가'를 찍은 쇼트를 제시할 뿐이라면, 거기에는 결국 '똑같은 것'의 반복만이 있을 따름이다.

'아티스트'에게 데모란 무엇이냐는 질문에 가라타니는 간결한

정의로 대답한다. "그것은 '걷는' 것입니다." 걷는 것은 '원시적'이라고 할 만큼 단순한 행동으로 중립적이고 투명한 행위처럼 보일지도 모르지만, 실제로는 그렇지 않다. 걷는 일은 원자력 발전 반대의 목소리를 높이기 위한 중립적인 수단이 아니다. 또한 걷는 일은 우리 한 사람 한 사람이 원자력 발전에 대한 반대 의사를 대표제 시스템을 거치지 않고 무매개적으로 표명하기 위한 투명한 '직접 행동'도 아니다(이 점에 관해서는 가라타니 자신도 약간 혼동하고 있는 듯이 보이기도 하지만). 걷는 일은 탈원자력 발전을 요구하는 일일 뿐 아니라 이 요구로 결코 수렴될 수 없는 순연한 '차이', 즉 절대적인 과잉을 실현하는 행위인 것이다. 탈원자력 발전이 '혁명'이라면 걷는 것은 '봉기'다. 그리고 봉기가 혁명에 봉사하는 것이 아니라 혁명이 봉기에 봉사하고 있는 것이다.

아티스트는 걷는 사람을 가리킨다. 자크 랑시에르는 프랑스인 교육자 조셉 자코토Joseph Jacotot[3]—개개인의 지적 능력을 해방시키려는 목적으로 고안한 특이한 방법인 '보편 교육'의 창시자로 알려져 있다—에 관해 논의한 저서 《무지한 스승Le maître ignorant》에서 가라타니와 똑같은 언어로 아티스트를 정의하고 있다. 랑시에르는

[3]
조셉 자코토(1770~1840): 프랑스의 교육철학자. 네덜란드 루뱅대학의 불문학 강사 시절, 네덜란드어를 모르는 자신과 프랑스어를 모르는 학생들을 대상으로 한 교육 실험을 통해 가르치는 행위가 학생의 정신을 형성한다고 믿었던 당시의 교육 관념을 재고하게 만들었다.

'걷는 사람'으로서의 '아티스트'의 반대편에 '걷는 데 게으른 사람'으로서의 '설명자'(가라타니가 말하는 '건축가')를 대치시킨다. 자신이 유지하고자 하는 질서야말로 어떤 질서보다 뛰어나다는 것을 설명하고, 상대방에게도 똑같은 설명을 하도록 재촉하는 동시에 자신의 설명에 반대하는 어떤 설명도 철저하게 내치려고 하는 '설명자'를 '나태'하다고 일컫는 것은 왜일까? '설명자'는 타자와의 관계를 지적 능력의 우열에 기초하여 정립하고자 한다. 그가 지적 능력의 불평등을 그토록 필요로 하는 이유는 '평등이 요청하는 무한한 책무에 대하여 게으름을 부리려고' 하기 때문이며, 또한 '자유를 앞에 두고 두려움에 벌벌 떨기' 때문이다.

앞에서도 이미 언급한 바 있듯이, 랑시에르에게 '정치', 즉 민주주의의 의미는 일반적으로 통용되는 생각과는 다르다. 그것은 단지 '누구라도 이야기하는' 것이 아니라 어디까지나 '누구라도 어떤 것에 대해서도 이야기하는(tout parle de tout)' 것이다. '자기가 모르는 것이라도 가르칠 수 있다'고 주장하는 '무지한 스승' 자코토가 제창한 '보편 교육'에 관해 랑시에르가 관심을 가진 까닭은 마치 그것이 '누구나 어떤 것에 대해서도 이야기하기' 위한 조건을 만들어 내는 것, 다시 말해 개개인에게 '누구에게나 모든 것이 있다(tout est dans tout)'는 것을 가르쳐 주기 때문이다. '누구나 어떤 것에 대해서 이야기할' 때 거기에서 나온 이야기는 언제나 조심스럽게 '가설'이나 '의견'에 머무르는 것처럼, '누구에게나 모든 것이 있다'는 것 자체도 어디까지나 '가설'이나 '의견'에 머무른다. 그래서 실천을 통해 끊임없이 '실증'을 행할 필요가 있다. 이런 의미에서 랑시에르는 다음과 같이 말한다. '누구에게나 모든 것이 있다'고 하는 지적 능력의 평등은 "법이나 힘에 의해 정해진 평등도 아니고 수동적으로 받아들인 평등도 아니다. 실행을 통해 나타나는 평등, 걷는 사람들이 한 발을 내딛을 때마다 실증을 행하는 평등"인 것이다.

아티스트가 걷는 것이 아니다. 걷는 것을 통해 우리 한 사람 한 사람이 각각 아티스트가 되는 것이다. 피로와 그로 인한 나태에 저항하여 내딛는 한 걸음 한 걸음이 해방이다. 어떤 행보 안에도 모든 것이 있다. 경찰관이 '도통 알 수기 없다'면서 날카롭게 간파해 버린 것은 바로 이것이다.

33

'획일화'의 시대에서
'황량함'의 시대로

인문학의 중심은 역사학에서 지리학으로 옮겨가고 있다. 이러한 세계적인 추세를 동시대적으로 체현하는 사건이 일본에서도 출현했다. 30대 중반의 젊은 사상가인 시노하라 마사타케篠原雅武[1]가 내놓은 두 번째 저작《공간을 위해-편재화하는 슬럼 세계 안에서空間のために-遍在化するスラム的世界のなかで》가 그것이다.

'획일화'의 시대에서 '황량함'의 시대로—《공간을 위해》는 저자가 '공간의 질감'이라고 부르는 오늘날의 추세를 대단히 광범위하고 강력하게 파악하고 있다는 점이 무엇보다도 매력적으로 다가온다. 마사타케는 이렇게 주장한다. "공장이 이전한 이후 남겨진 공터, 쇠퇴해 가는 상점가, 거주자가 고령화해 가는 예전의 신흥 주택" 등 꼭 일본에만 해당한다고 볼 수 없는 세계 각지의 지방 도시와 그 주변 지역(교외)에서 공통적으로 눈에 띄는 공간을 '거기에 있음으로써 얻을 수 있는 질감'의 관점에서 파악하고자 시도할 때, 이제까지 자주 문제로 삼아 오던 '획일화'의 논의는 이미 아무런 도움도 되지 않는다. 사태는 이미 새로운 국면으로 이행하고 있기 때문이다. 나아가 그는 그 새로운 국면에 ‘황량함’이라는 이름을 붙여 준다.

 ‘공간이 무너지고 황폐해지고 낙후해 간다’—‘슬럼화 세계’라는 이름 아래 ‘편재화’가 이루어지고 있는 현실을 오늘날의 추세라고 파악하고, 이 ‘황량함’에 대해 마사타케는 다음과 같이 말하기도 한다. “생산에 관여하는 공간, 질감을 가진 공간이라고 할 것이 살기 곤란한 것으로 변모해 가고 있다. 한마디로 사멸해 가고 있는 것이다.” 다시 말해 마사타케가 말하는 ‘황량함’이란 새로운 질감의 생산을 조금도 찾아볼 수 없을 뿐 아니라 ‘획일화’의 형식을 띠고 기존의 질감을 재생산하는 일조차 벌어지지 않는 것이며, 나아가 이제까지 생산되고 재생산되어 온 온갖 질감이 오로지 쇠퇴하고 녹슬어 사라져 갈 따름인 공간으로 되어 가는 것, 질감 자체의 사멸(질감=0)로 급속하게 접근해 가는 경향만이 유일한 질감이 되어 버리는 것을 가리킨다.

 이렇게 ‘황량함’이라는 특징이 ‘현재의 기조’를 이루고 있다고 마사타케가 묘사하는 까닭은 그것이 ‘기쁜 소식’이라고 들려주기 위해서가 아니다. 도리어 그가 질감=0으로 회귀하는 공간에 대해

1
시노하라 마사타케(1975~): 일본의 도시·정치이론가. 2004년에 교토대학교에서 인간환경학 박사를 취득하고 대학 강사 등으로 활동하고 있다.

이야기하는 것은 어디까지나 그것이 '나쁜 소식'이기 때문이며, 이 '나쁜 소식'에 저항하자고 호소하기 위해서다. 질감을 회복하지 않으면 안 된다. 또는 새로운 질감을 창조하지 않으면 안 된다. 그러한 새로운 질감의 창조를 통해 공간과 '거기에 몸담은 사람' 사이에 유기적인 유대를 회복하고, '살아가는 일'이 가능한 공간을 다시 만들어 내지 않으면 안 된다. 시노하라 마사타케는 그렇게 간곡히 말하고 있다. 그러나 여기에서 한 가지 의문이 고개를 들지도 모른다. 만약 그렇다면 '공간을 위해'라는 제목은 오히려 '공간의 질감을 위해', 아니면 좀 더 솔직하게 '인간을 위해'로 지었어야 하지 않았을까 하는 것이다.

'공간' 그 자체가 또다시 질감을 갖고 싶어 하는지 아닌지, 인간과 유기적인 유대를 맺고 싶어 하는지 아닌지, 이는 결코 자명하지 않다. 오히려 정반대일지도 모른다. '공간'은 이제까지 '인간적인, 너무나도 인간적인' 질감의 가능성이 모두 닳아 없어진 끝에 나타난 '황량함'(질감=0) 속에서 스스로의 잠재력이 그 자체로 순수하게 빛을 발하는 계기를 찾아내고는, 이를 축복으로 여기고 있을지도 모른다. 또한 인간의 입장에서도 유기적인 질감이라고는 하나도 없는 알몸뚱이로 드러난 '공간' 안에서 무매개적으로 살아간다면, 조금이나마 '인간'이라는 것 자체를 그만둘 수 있을지도 모른다. 다시 말해 자신 안에 있는 비인간적이고 비유기적인 힘을 찾아낼 수 있을지도 모른다. 그런 의미에서 '황량함'은 역시 축복해 마지 않을 사태일지도 모른다. 이렇게 말하는 것이 지나치다고 한다면, 적어도 이렇게는 말할 수 있을 것이다. '획일화'보다는 '황량함'이 더 낫다.

《공간을 위해》의 간행을 마치 뒤쫓기라도 하듯, 도미타 가쓰야富田克也[2]가 감독을 맡고 영화 제작 집단인 구조쿠空族[3]가 제작한 〈사우다지Saudade〉[4]가 상영된 것은 단순한 우연은 아닐 것이다. 왜냐하면 야마나시와 고후를 무대로 한 〈사우다지〉 역시 실로 '공장이 이전한 이후 남겨진 공터, 쇠퇴해 가는 상점가, 거주자가 고령화해 가는 예전의 신흥 주택' 같은 공간의 '질감'을 전면적으로 문제 삼은 작품이기 때문이다.

오늘날 고후의 거리에서 실제로 살아가는 사람들을 출연시켜 제작한 〈사우다지〉가 '거기에 몸담음으로써 얻어지는 실감'을 필름에 담고자 한 시도임은 의심할 나위가 없다. 거기에는 실로 '황량

2
도미타 가쓰야(1972~): 일본의 영화감독. 4명의 친구들과 함께 영상 제작 집단 '구조쿠'를 만들어 제작, 배급, 광고까지 직접 한다. 데뷔작 〈구름 위〉로 주목을 받으면서 이름을 알렸다.

3
구조쿠: 일본의 독립 영화 집단. 스스로를 지위도 돈도 없는 평범한 사람들이라고 소개한다. 기존의 가치관에 휩쓸리지 않고 일상과 밀접하게 활동하면서 반항을 기치로 내세우고 있다.

4
사우다지: 향수, 동경, 사모, 애절 등의 뜻이 담긴 포르투갈어.

함’ 그 자체처럼 보이는 공간의 다양한 단편이 모자이크처럼 화면을 메우고 있다. 셔터가 굳게 내려진 폐점 상가, 쇼핑몰, 불황, 토박이 기업의 도산, 고용의 격감, 실업, 불안정한 생활, 빈곤과 실의에 빠져 귀국하는 외국인 가족, 외국인에 대한 배척, 극우 사상 등등. 그러나 이 점이 정말 중요하다. 가쓰야와 구조쿠는 이와 같은 단편을 제시할 때 ‘획일화’의 관점을 결코 손에서 놓는 법이 없다. 〈사우다지〉의 강력함은 여기에 있다.

이 영화는 우리에게 다음과 같은 이야기를 들려주는 것 같다. ‘황량함’(질감=0)이라는 상태에 이르렀다면 얼마나 좋았을까마는, 곤란하게도 우리는 아직 ‘획일화’의 한가운데에 머물러 있다. 더욱 엄밀하게 말하자면, 황량함’을 구성하는 것은 누구나 알고 있는 스테레오 타입의 ‘문제’로 온통 메워져 있다는 점에서 ‘획일화’되어 있다는 말이다. 이 ‘획일화’야말로 고후라는 공간에 ‘살아간다는 곤란함’이라는 질감을 부여하고 있다.

이것이 〈사우다지〉에서 ‘황량함’의 구성 요소로 여길 수 있는 ‘문제’(셔터가 굳게 내려진 폐점 상가 등)와 그 밖의 다양한 클리셰를 똑같은 무게로 다루고 있는 이유다. 이 점에 대해서는 작품의 제목이 이미 많은 것을 시사하고 있다. 브라질 사람들의 '클리셰'가 '사우다지'라는 것은 그들과 구체적인 관계를 맺지 않는 사람들에게도 널리 공유되어 있는 세계 표준의 '지식'이다. 동시에 '브라질 사람 하면 사우다지'라는 이 '지식' 자체가 그들의 '국민적 기질'을 이야기할 때 동원하기 쉬운 전형적인 '클리셰'의 하나라는 것도 누구나 다 아는 사실이다. 이 영화는 실제로 고후에서 살아가는 브라질 사람들이 연기하는 그들 자신의 생활을 가장 구체적인 영상을 통해 포착하고 있다. 이러한 한 편의 영화에 그럼에도 '사우다지'라는 추상적인 '클리셰'를 제목으로 달았다는 사실에는 놀라움을 느낀다.

그러므로 〈사우다지〉는 '획일화'의 이름이지만, 동시에 저항의 이름이기도 하다. '그렇게 될 수 있었을지도 모르는 현재에 대한 향수'를 가리키는 '사우다지'는 브라질 사람뿐만 아니라 모든 등장인물이 품고 있는 감정으로서 작품 전반에 흐르고 있다. 다만 그것은 어디까지나 '획일화'를 향한 저항이며, '황량함'을 향한 저항은 아니다. 도리어 그것은 '황량함'을 바라는 저항이라고 할 것이다.

34

부채 인간
제조 사회

파리에 거주하는 사상가 마우리치오 라자라토가 2011년 가을에 펠릭스 가타리에 관한 비디오 작품의 제작 등을 위해 약 한 달 동안 일본에 체재했다. 그가 일본에 오기 직전에 유로 위기에 처한 프랑스에서 간행한 새 책은 '부채'의 관점에서 신자유주의를 논한 자극적이면서 시의적절한 책이었다.

《'채무 인간' 제조 공장: 신자유주의적 조건에 대한 시론》이라는 제목의 이 책은 신자유주의의 통치 원리를 '부채'의 개념에서 끌어냈다는 것, 그리고 오늘날 문제로 떠오른 적대 관계를 '채권자와 채무자'의 관계로 규정했다는 점이 커다란 매력이다.

> 부채의 제조, 즉 채권자와 채무자 사이의 역관계를 구축하고 이를 발전시키는 일은 신자유주의 정책의 입안자들이 전략적 중심으로서 구상하고 계획한 것이었다.

라자라토가 신자유주의적 통치의 핵심에 '부채'를 놓고, 주축을 이루는 역관계로서 '채권자와 채무자'를 상정한 데에는 물론 '금융'이 신자유주의의 핵심이며 거기에서는 '금융 자본과 실체 경제'가 주된 역관계를 이룬다는 생각이 깔려 있다. 하지만 여기에는 '물건 만들기'에 기초한 건전한 자본주의를 회복하기 위해서는 과잉의 머니 게임을 규제하고 '카지노 자본주의'에서 탈각하지 않으면 안 된다고 소리 높여 외치는 (언뜻 보기에는 양심적으로 보이는) 경제학자나 저널리스트들의 견해를 퇴치하려는 함의가 들어 있다. 라자라토에 따르면 서브프라임 모기지론의 파탄 사태로부터 오늘날의 유로 위기에 이르기까지 일련의 사태는 '금융 위기'라는 점 이상으로 '부채 위기'이며, 현재 그리스나 이탈리아 같은 유럽의 여러 나라에서 사람들이 길거리에 나와 항의하는 대상은 '금융'이라는 것 이상으로 '부채'라는 것이다. 실제로 민중이 외치고 있는 주장은 자신들의 빚을 한 푼도 갚고 싶지 않다는 것에 다름 아니다. 과잉적인 금융 거래 규제(토빈세[1]의 도입 등)를 주장하는 것은 사르코지 정권을 비롯한 여러 나라의 정부다.

이런 의미에서 라자라토가 '위기'(또는 항상적인 위기 상태로서 '카타스트로프[2])의 발단이 된 서브프라임 모기지 사태에 특히 주안점

[1]
토빈세: 노벨 경제학상을 수상한 제임스 토빈이 1978년에 주장한 것으로 단기 자금이 국경을 넘을 때 부과하는 세금. 국제 투기 자금의 급격한 유출입으로 각국의 통화가 급등하거나 급락하여 통화 위기가 촉발되는 것을 막기 위한 규제 방안 중 하나다.

[2]
카타스트로프: 역전을 뜻하는 그리스어가 어원이며, 예기치 못한 일, 정반대로 뒤집히는 것을 의미한다. 비극적인 결말, 파국 등으로 번역된다.

을 두는 것은 당연할 것이다. 예전의 복지 국가 체제에서 국민은 생존권을 비롯한 사회적 권리를 보편적이고 평등하게 보장받는다. 그래서 국가는 소득을 재분배하고 부족한 몫은 국채 발행이나 국제 금융 기관(세계은행 등)으로부터의 차입으로 메꿨다. 그러나 신자유주의는 글자 그대로 '부채'라는 관점에서 복지 국가 체제의 종언을 선고하는 동시에 국가가 진 채무의 '원흉'을 사회적 지출에서 찾아내어 그것의 삭감('분류')을 요구한다. 그리하여 이제까지 사회 보장을 대신하는 것으로 새롭게 자리를 잡은 것이 바로 서브프라임으로 대표되는 다양한 빚이다. 사회적 권리를 대신하여 신용 카드가 등장하면서 사람들은 '빚진 인간'으로 다시 태어난다.

임금이 줄어들고 복지 국가가 해체되는 상황에서 모든 사람을 잘살게 하기 위해서는 빚에 의지하는 수밖에 없다. 이런 정책은 얼마나 잘 기능할까? '당신의 임금은 쥐꼬리만합니다만, 걱정하실 것 없습니다. 빚을 내서 집을 사면 되니까요. 집값은 올라갈 테고, 그걸 담보로 대출을 얻을 수 있게 될 테지요.' 그러나 이자가 올라가자마자 부채와 금융에 의한 이

라자라토의 착상은 특정한 원천을 갖고 있다. 들뢰즈와 가타리의 공저《안티 오이디푸스》(1972)가 그것이며, 니체의《도덕의 계보학》에 기대어 전개하는 부채론이 그것이다. 그런데 일본의 독자들은 라자라토보다 30년이나 앞서, 신자유주의 체제가 본격적으로 전개되기 시작한 1980년대 초반에《안티 오이디푸스》의 핵심을 부채론에서 찾아낸 사람이 있다는 것을 기억할 것이다. 당시 20대 중반이었던 아사다 아키라淺田彰[3]가 바로 그 장본인이다. 아사다의《구조와 힘構造と力》(1983)에 수록된 논고 〈코드 없는 시대의 국가〉(1981)는 누구도 따르지 못할 명석함으로 들뢰즈와 가타리의 사상을 '부채론' 중심으로 '거칠게 스케치'해 낸 글이다. 어떤 사람의 눈에도 '부채 경제'라는 신자유주의와 그로 인한 '카타스트로프'가 확실하게 보이는 오늘날, 이 글은 서둘러서 새롭게 다시 읽어야 할 텍스트라고 할 수 있다.

아사다는 먼저 어떤 사회 질서라도 부채의 작용에 근거하여 형성된다는 들뢰즈와 가타리의 논의를 강조한다. 온갖 방향으로 흘

3
아사다 아키라(1957~): 일본의 비평가. 해박한 지식과 섬세한 감수성을 잘 드러낸《구조와 힘》이 15만 부를 넘는 베스트셀러를 기록하며 '아사다 아키라 현상'을 불러일으켰다. 철학, 미술, 건축, 음악, 무용, 영화, 문학 등 다종다양한 분야에서 비평 활동을 전개하고 있다.

러넘치고자 하는 욕망의 흐름에 질서를 부여하고 욕망의 대홍수를 억누르는 것은 항상 부채라는 것이다. 나아가 아사다는 들뢰즈와 가타리가 분류한 사회 질서의 세 가지 형태(원시 공동체, 고대 전제 국가, 근대 자본제) 순으로 주체의 작용에 관해 서술해 간다. 원시 공동체를 형성시킨 것은 대지 표면에서 전개된 부채의 양동이 릴레이다. 이를테면 A가 B에게 사과를 하나 증여한다. A가 B에게 준 것은 사과와 그 가치에 맞먹는 부채=빚이다. 이 부채=빚으로부터 한시라도 빨리 해방되고 싶은 B는 C에게 새로운 증여를 행한다. 원시 공동체에서는 이렇게 무제한으로 이어지는 부채=빚의 순환 릴레이에 따라 욕망의 흐름에 질서가 잡힌다는 것이다. 여기에 대해 고대 전제 국가의 질서는 '성은과 봉공'이라는 수직축에 따라 형성된다. 한없이 높은 곳에 출현한 왕이 발아래의 땅에 달라붙어 있는 한 사람 한 사람에게 무한한 '성은'으로서 생존 자체를 부여하는데, 이때 무한한 부채=빚을 낙인처럼 찍어 놓는다. 이리하여 무한한 부채=빚의 낙인이 찍혀 절대적인 채무자가 된 사람들은 절대적인 채권자인 왕을 향해 무한히 '은혜 갚기'를 계속해야 하는 숙명에 처해지는 것이다. 그런데 원시 공동체에서는 유한하고 변제 가능했던 부채=빚이 고대 전제 국가에서는 무한하고 변제 불가능하다는 점이 중요하다. 왕의 살해와 더불어 시작된 근대 자본제에서는 그때까지 왕에게 갚아야 할 무한한 부채=빚을 그대로 개인 주체에게 떠넘김으로써 한 사람 한 사람이 자기 자신에 대해 무한한 부채=빚을 떠안게 된다. 주체는 절대적인 채권자인 자신에 대해 무제한 변제를 지속해야만 하는 절대적인 채무자가 되는 것이다.

신자유주의는 '기업'을 유일한 단위로 삼아 사회 전체를 재편성하는 체제이며, 노동자조차 '자본'과 '소득'으로 이루어진 '기업'으로서 행동하도록 유도한다(이는 1970년대 미셸 푸코의 강의 〈생명관리 정치의 탄생Naissance de la biopolitique〉에서 한 유명한 논의다). 라자라토, 아사다와 더불어 이러한 푸코의 논의를 다시 읽어 본다면, 신자유주의는 우리 한 사람 한 사람에게 이렇게 이야기하고 있음을 알게 될 것이다. "너희는 무한한 자본을 증여받고 있다. 그러므로 그것을 끊임없이 최대한 활용하여 소득을 무제한으로 생산해 가는 일이 너희 자신에게 너희가 해야 할 의무다."

두통:
앎의 해방에서 봉기로

아래에 나오는 글은 런던대학교의 버크벡대학Birkbeck College에서 2011년 10월 28일부터 30일까지 모토하시 테쓰야本橋哲也[1]와 오오야마 신지大山真司[2] 두 사람의 주재로 진행한 심포지엄 〈후쿠시마 이후의 인문학-위기적/비평적 접점을 만들어 낸 포스트 핵시대의 문화연구와 철학의 대화〉 둘째 날 오후에 했던 발표문이다. 당시 〈신자유주의적 정치 상황에서 지식인의 역할과 책무〉라는 토론회에서는 필자와 고소 이와사부로高祖岩三郎[3]가 기조 발제자로 나서고 안젤라 맥로비Angela McRobbie[4]와 제러미 길버트Jeremy Gilbert[5]가 토론자를 맡았는데, 이 글은 그때 발표한 영어 원고 〈앎의 해방과 그 두통〉을 밑그림으로 삼았다. 다만, 일본어로 바꾸어 쓰면서 강연 원고의 어조는 유지하되 가필 내용에 따라 제목을 고쳤다.

0.

무엇보다도 선구적인 야간 학교로 알려진 런던대학교의 버크벡대학에서 열리는 흥미로운 학회에 초대해 주신 모토하시 테쓰야 씨, 오오야마 신지 씨, 그리고 모든 집행 위원 여러분께 감사드립

1

모토하시 테쓰야(1955~): 일본의 문학연구자. 전공 분야는 영문학과 문화연구다. 대표 저서로는 《포스트 콜로니얼리즘》, 《사상으로서의 셰익스피어》, 《문화연구로의 초대》 등이 있다.

2

오오야마 신지: 런던대학교 버크벡대학 교수. 일본 문화, 미디어 연구, 글로벌 미디어, 영화 이론 등의 다양한 분야에서 활동하고 있다.

3

고소 이와사부로(1955~): 일본의 번역가이자 평론가. 1980년 뉴욕으로 이주하여 도시 공간의 문제를 탐구하면서 정치적으로 활발하게 활동하고 있다. 세계 변혁을 위한 전지구적 조직화의 가능성에 대한 논의에 관심을 갖고 있다.

니다. 여러분과 이 자리를 함께 한 것을 영광으로 생각하며 서로의 생각을 나눌 수 있다는 것이 진심으로 기쁘기 한이 없습니다.

〈신자유주의적 정치 상황에서 지식인의 역할과 책무〉라는 문제에 대해 기조 발제를 하게 된 것—이번 심포지엄을 주관하신 모토하시 씨로부터 의뢰를 받은 이 주제야말로 이 자리에서 제가 해야 할 역할과 책무라 할 것입니다.

1.

누가 지식인intelligentsia일 수 있을까요? 누구든 지식인으로 '있는' 것은 불가능합니다. 지식인이란 '있을' 수 있는 것이 아니라 '될' 수 있을 뿐이니까요. 예를 들어 현재 지적인 활동을 전혀 하지 않으면서 당신은 스스로를 지식인으로서 '있다'고 말한다 칩시다. 주변 사람들은 당신에게 바보라고 하겠지요. 틀림없이 당신에게 "넌 지식인이 아니야. 그냥 바보라구!"라고 할 겁니다. 그러나 지식인이란 당신이나 나 같은 바보라도 '되는' 것이 가능합니다. 지적인 활동을 시작하는 순간부터 지식인이 되는 것이니까요.

지적인 활동이란 무엇일까요? 내 대답은 아주 간단합니다. 지적

4
안젤라 맥로비(1951~): 영국의 문화이론가이자 페미니스트. 청년 문화의 다양한 차원을 종합하여 문화이론과 정치학을 연구했다. 대표 저서로는 《페미니즘과 청년 문화》, 《포스트모더니즘과 대중문화》, 《페미니즘 그 후: 젠더, 문화, 사회 변화》 등이 있다.

5
제러미 길버트: 이스트런던대학교 교수. 문화이론, 정치, 음악 등에 관심을 갖고 활발한 저술 활동을 하고 있다. 대표 저서로는 《반자본주의와 문화》 등이 있다.

인 활동이란 글자 그대로 풀이할 수 있습니다. 즉 지적 능력에 의한 활동이지요. 지적 활동이란 지적 능력을 사용하여 행하는 활동, 또는 지적 능력에 의해 실현되는 활동을 가리킵니다.

그러면 지적 능력intellect이란 도대체 무엇일까요? 우리가 흔히 말하는 지성intelligence이란 도대체 무엇일까요? 이것에 대한 내 대답 또한 아주 단순합니다. 지적 능력이란 생각하는 힘을 말합니다. 당신은 '지적 능력' 또는 '지성'이라고 부르는 힘을 사용하여 다양한 사고를 진전시키고, 그러한 생각을 표현하는 언어를 산출하는 것입니다.

그러면 누가 그런 힘을 가지고 있을까요? 지적 능력은 누구한테 있을까요? 이 대답도 역시 단순한데요, 모든 사람이 갖고 있습니다. 모든 사람이 생각하는 (이야기하는) 힘을 갖고 있습니다. 다시 말해 누구라도 생각하는 것이 가능합니다. 방금 누구라도 생각하는 것이 '가능하다'고 말씀드렸는데, 이것은 '누구나 생각하고 있다'는 말과는 약간 다릅니다. '가능하다'는 말에 주의를 기울여 주세요. '누구나 생각하고 있다'는 것이 아니라 '누구라도 생각하는 것이 가능하다'고 말한 까닭은 지적 능력이 실로 '힘'(파워)의 문제이기 때문입니다. 즉 능력, 포텐셜, 잠세력 등의 의미처럼 단순한 '힘'의 문제라는 것입니다.

만약 첫머리에서 말한 대로 지식인이 되는 것이 '가능하다'고 한다면, 그것은 모든 사람에게 지적 능력이 있기 때문입니다. 자신이 지닌 잠재적인 사고 능력을 활성화시키기만 한다면, 누구라도 지식인이 되는 것이 가능합니다. 그러나 한 가지 문제가 있지요. 여러분은 다음과 같이 물을지도 모릅니다. 지적 능력이 순수하게 잠재적인 차원의 문제라고 한다면, 누구나 지적 능력을 갖고 있다는 것을 너는 어떻게 장담할 수 있느냐? 네가 그걸 보기라도 했단 말이냐? 이 물음에 대해 나는 '그렇다'고 대답하고 싶습니다.

만약 그게 정말이라면 어디에서 보았느냐? 언제 보았느냐? 이렇게 물으시겠지요. 나는 올해 4월부터 도쿄의 거리에서 그것을 봤다고 대답하겠습니다. 원자력 발전 반대 시위가 열릴 때마다 사람들은 다음과 같이 항의의 목소리를 높였지요. "우리가 항상 바보인 줄 알아? 우리도 생각할 줄 알아! 생각하자고 마음만 먹으면 언제라도 사고 행위를 할 수 있어! 원자력 발전에 대한 우리의 생각을 가장 전문적이고 기술적으로 표명할 수도 있단 말이야!"

아시는 바대로 원자력 발전 반대 시위에 나갈 때마다 내가 본 것은 엄밀하게 말해 사람들의 지적 능력 그 자체, 즉 순수하고 잠재적인 형식의 힘이 아닙니다. 어디까지나 지적 능력이 활성화되고 현실화되는 과정을 본 것에 불과하지요. 이런 의미에서 모든 사람이 지적 능력을 갖고 있다는 내 말은 결국 단순한 '가설'에 머무를 겁니다. 아니면 사람들의 지적 능력 그 자체가 순수하게 '가설적인' 현실에 머무른다고 해도 무방하겠지요. 그러나 그렇기 때문에 사람들은 끈질기게 그들의 저항 행위를 조직해 나간다고 할 수 있지 않을까요.

이의를 제기하여 행동에 돌입할 때마다 사람들이 실증적으로 보여 주는 것은 그들의 가설적인 힘입니다. 모든 사람에게 생각하는 힘이 있다는 것, 다시 말해 누구나 지식인이 될 가능성을 갖고 있다는 것, 더욱 간결하게 말하면 생각하는 일은 누구에게나 가능하다는 것을 그들은 가시적으로 증명하는 것입니다.

2.

'모든 사람에게 지적 능력이 있다', '모든 사람은 생각하는 힘이 있다’, ‘누구나 생각할 줄 안다’, ‘누구나 지식인이 될 수 있다’…….
우리는 모두 지적인 잠재력의 측면에서는 절대적으로 평등합니다.
문제를 제기하여 행동을 취할 때마다 증명되는 것은 사람들이 지
닌 지적 능력의 평등성입니다. 평등은 도달해야 할 목표가 아니라
출발점이며, 약속promise이 아니라 전제premise입니다. 우리 인류에
게 이보다 더 멋진 소식이 있을 수 있을까요!

　실제로 우리는 이 멋진 소식을 알리기 위해 불굴의 노력을 지속
한 사람 중 특별히 유명한 인물을 하나 알고 있지요. 두말할 필요
도 없이 오늘날 저명한 사상가 중 한 사람인 자크 랑시에르입니다.
일찍이 스승 루이 알튀세르Louis Althusser[6]의 슬하에서 발표한 초기
의 작업을 유일하게 제외하면, 랑시에르는 오늘날까지 40년 동안
모든 작업에서 일관되게 ‘정치’를 ‘평등의 실천’으로 정의하고 또
재정의하는 데 전념해 왔습니다. 즉 정치란 모든 사람의 지적 능력
은 평등하다는 가설을 증명하는 실천이라고 정의해 온 것입니다.

　랑시에르의 사상에서 핵심을 이루는 것을 파악하는 일은 실제로
어렵기만 한 것은 아닙니다. 왜냐하면 그는 어떤 저작에서도 다음
과 같은 두 가지 원칙으로 이루어진 한 가지의 동일한 논의를 줄기

6
루이 알튀세르(1918~1990): 알
제리 출생의 프랑스 철학자. 파
리고등사범학교에서 바슐라르
에게 헤겔 철학을 배웠다. 1948
년에 프랑스공산당원이 되었고,
1967년부터 선도적인 이론가로
활약하면서 ‘이데올로기적 억
압 기구로서의 국가’라는 개념
을 제시했다.

차게 반복해 왔을 뿐이기 때문이지요. 그 원칙 중 하나는 "tout parle de tout"이고, 또 하나는 "tout est dans tout"입니다. 이 두 가지 원칙은 각각 "모든 사람이 모든 것에 대해 말한다" 그리고 "모든 것이 모든 사람 안에 있다"고 번역할 수 있습니다.

우선 "모든 사람이 모든 것에 대해 말한다"는 것부터 검토해 볼까요? 제1원칙은 랑시에르가 평등의 실천으로 여기는 것을 정식화해 놓은 것입니다. 랑시에르에게 평등이 전면적인 실천으로 나타나 증명되는 것은 모든 사람이 모든 것에 대해 이야기할 때, 즉 한 사람 한 사람의 개인이 '모든' 것에 대해 자신의 생각을 표명할 때뿐입니다. 거꾸로 랑시에르가 평등의 실천이라고 인정하기를 거부하는 것은 한 사람 한 사람의 개인이 자신의 문제라고 여겨지는 것에 대해서만 발언하는 경우입니다.

평등의 실천이라고 정의하는 랑시에르 식의 '정치'가 실제로 어떤 것인가를 알아보기 위해 예가 될 만한 구체적인 장면을 상상해 보기로 하지요. 런던 교외에 사는 젊은 비정규직 노동자가 한 사람 있다고 합시다. 그의 행동이 '정치'가 되는 것은 자신이 실제 당사자가 되는 비정규직 노동 문제뿐만 아니라, 이를테면 후쿠시마 문제, 팔레스타인 문제, 치아파스 문제처럼 자기 자신은 비록 당사자가 아닐지라도 모든 문제에 대해서도 똑같이 스스로의 생각을 표명할 때입니다. 바꾸어 말하면 그런 문제에 관해 이야기할 '자격'이 없다고 여겨지는 모든 종류의 문제에 대해 이야기하는 것, 그와 동시에 자신이 당사자로서 충분히 발언할 '자격'이 있다고 여겨지는 비정규직 노동 문제에 대해서는 도리어 그 '자격'을 떠나서 이야기할 때야말로 '정치'가 성립한다는 말입니다. 예를 들어 그가 후쿠시마 문제를 이야기하기 위해서 그가 살고 있는 런던 교외까지 방사능 오염이 영향을 미칠 필요는 전혀 없지만 반대로 그가 비정규직 노동 문제를 이야기하기 위해서는 비정규직 노동자가 '될' 필요가 있습니다.

어떤 문제에 관해 이야기할 '자격'이 특별히 없이 모든 일에 관해 자신의 '의견'을 표명하는 개인, 그러한 개인을 랑시에르는 '지식인'이라고 부릅니다. 이런 의미에서 '지식인'이란 '무자격의 자격'이라고 명명해도 좋겠지요. 또한 오늘의 주제인 〈신자유주의적 정치 상황에서 지식인의 역할과 책무〉에 맞추어 표현하자면, '지식인'이란 '역할 없는 역할' 또는 '소임 없는 소임'이라는 이름으로

부를 수 있을 겁니다. 역할 없는 역할에 나서고 소임 없는 소임을 받아들일 때 비로소 지식인이 된다고 할 수 있습니다.

'정치'가 성립하는 것은 누군가가 무언가에 대해 이야기할 자격이 없는 채 온갖 일에 관해 이야기할 때입니다. 그렇게 함으로써 정치는 여러 자격의 고정적인 배분을 교란시키고 전복시키는 것, 다시 말해 일, 처지, 책무, 아이덴티티 같은 것에 연관된 지배적인 사회적 배분을 동요시키는 것입니다. 한마디로 누군가가 지식인이 될 때 거기에 정치가 성립하는 것이지요. 나아가 '민주주의'가 성립하는 것은 글자 그대로 '모든 사람'이 특별히 자격을 갖지 않고도 온갖 사안에 대해 이야기할 때, 즉 모든 사람이 각자 지식인이 될 때입니다. '모든 사람이 모든 것에 대해 이야기한다'는 랑시에르의 제1원칙은 이렇게 '실천'의 차원에서 평등을 파악하는 것이지요. 이에 비해 '모든 것이 모든 사람 안에 있다'는 제2원칙은 평등을 '조건'의 차원에서 파악하는 것, 즉 평등의 조건 또는 조건으로서의 평등을 파악하는 것입니다.

이 두 가지 원칙을 하나의 문장으로 엮어 보면, 다음과 같이 말할 수 있을 겁니다. "모든 사람이 모든 것에 관해 이야기할 수 있는 것은 모든 것이 모든 사람 안에 있기 때문이다." 그러나 그렇다면 '모든 것이 모든 사람 안에 있다'는 것은 도대체 무슨 뜻일까요? 그것은 모든 것에 대해 생각하고 이야기하기 위한 지적 능력이 모든 사람 안에 있다는 뜻입니다. 이 말에 따르면 지금까지의 '지적 능력'에 대한 우리의 정의는 다음과 같이 고칠 수 있겠지요. '지적 능력'이란 단지 생각하는 힘일 뿐만 아니라 오히려 모든 것에 대해 생각하는 힘을 가리킨다고요. 런던 교외에 사는 젊은 비정규직 노동자가 도시 폭동을 일으킬 때, 그가 거기에서 가시적으로 증명하는 것은 모든 것에 대해 생각하고 이야기하는 힘이 그에게도 있다는 것입니다.

3.

누구나 모든 것에 대해 생각하고 이야기할 수 있는 것은 모든 사람에게 모든 것에 대해 생각하고 이야기하는 힘이 있기 때문입니다. 누구라도 지식인이 될 수 있는 것은 모든 사람에게 지적 능력이 있기 때문입니다. 이것이 바로 랑시에르가 되풀이하여 일러 준 '좋은 소식'입니다.

1960년대 말에 루이 알튀세르와 절교한 이후의 저작과 강연, 인터뷰 속에서 랑시에르는 한 사람 한 사람에게 다음과 같은 발언을 계속하면서 평등의 실천으로서 지적 능력의 해방을 호소해 왔습니다.

"당신에게는 모든 것에 대해 생각하는 힘이 있다. 그러니까 민주주의를 실현하기 위해 그 힘을 사용하라. 당신은 지식인이 되어야 한다. 게으름뱅이만이 내 말에 귀를 기울이려 하지 않는다. 그들은 오직 자기 일에 대해서만, 자기의 비즈니스에 대해서만 생각하고 이야기한다. 그러한 태만은 그들의 지적 능력이 요청하는 무제한의 임무를 앞에 두고 두려움에 벌벌 떠는 태도에서 유래한다. 태만은 실로 민주주의의 적이다. 태만이 있어서는 안 된다. 당신 자신의 지적 능력에 대해 경멸하는 척해서는 안 된다. 당신의 지적 능력을 항상 100% 가동하지 않으면 안 된다. 게으름 말고도 민주주의에는 또 하나의 적이 있다. 그것은 피로다. 모든 것에 대해 이야기하는 것은 많든 적든 피로하다는 당신의 불평은 정당하다. 그러나 그렇다고 해도 최선을 다하라. 금방 피로해지지 않도록 할 수 있는 노력을 다하라. Et tant pis pour les gens fatigués…… 이미 피로

해진 자들에게 내가 해줄 수 있는 말은 이것밖에 없다. '그것 참 안
됐군……'"

앞에서도 말했듯 모토하시 씨가 나한테 논의하라고 한 주제는
〈신자유주의적 정치 상황에서 지식인의 역할과 책무〉입니다. 이제
전반부를 고려하여 새로운 물음을 던질 때가 되었다고 할 수 있겠
지요. 그것은 바로 다음의 질문입니다. 랑시에르가 우리에게 알려
준 '좋은 소식'을 신자유주의 시대의 한복판에서 들었을 때, 그것
은 어떻게 들릴까? 과연 좋은 소식으로 들릴까? 내가 아는 한 이것
은 랑시에르가 한 번도 제기한 적이 없는 질문입니다. 다만 단 한
번의 예외를 제외하고 말이죠. 그것은 바로 2009년 3월, 랑시에르
가 이곳 버크벡대학에 초대받아 〈코뮤니즘의 이념〉이란 학회에서
강연을 했을 때입니다.

4.

신자유주의란 무엇인가를 정의하기 위해 1970년대 후반 콜레주
드프랑스Collège de France[7]에서 한 미셸 푸코의 유명한 강의를 떠올려
보고 싶군요. 이때 푸코가 제시한 신자유주의의 정의는 그 유효성

[7]
콜레주드프랑스: 프랑스의 국
립 고등교육기관. 1530년 프랑
수아 1세가 인문적 교양의 진흥
을 위해 파리에 창설하여 르네
상스의 새로운 학문을 가르쳤
다. 세계적으로 유명한 학자들
의 강의를 모든 사람들에게 무
료로 개방한다.

이 조금도 바래지 않았다고 생각합니다. 푸코는 신자유주의를 "사회체 또는 사회 조직 안에서 '기업'의 형식을 일반화시킨" 것이라고 했지요. 신자유주의는 "사회 조직을 다시 파악하여 그것이 개인이 아니라 기업이라는 입자에 의해 배분되고 분할되며 세분화될 수 있도록 하는" 것입니다. 더욱 간결하게 표현하자면 "가장 작은 입자에 이르기까지 기업 모델로 사회를 재편하는" 것을 말합니다.

이렇게 신자유주의 시대에는 사회 전체가 '기업=단위의 집합으로서 구성된 사회'로 출현하게 되는데, 거기에서는 "노동자도 스스로한테 일종의 기업으로서 출현하게 된다"는 것입니다. 실제로 그 강의 중에서 푸코는 신자유주의적 전망에서 볼 때 노동자가 '스스로한테 기업이 된다'는 점을 특히 강조했습니다. 푸코가 보기에 신자유주의의 신기함은 그것이 "노동자의 관점에 서서, 또한 경제 분석에서 처음으로, 노동자에게 대상이 아니라 능동적인 경제 주체라는 지위를 부여했다"는 점에 있습니다.

노동자가 스스로에게 기업으로 출현한다는 것은 도대체 무슨 말일까요? 그것은 노동자가 자기 자신을 하나의 기업으로서, 더 정확하게 말하면 하나의 자본주의 기업으로서 '경영한다'는 뜻입니다.

그러면 자기 자신을 자본주의 기업으로 경영한다는 것은 도대체 어떤 것일까? 그것은 자신의 '자본'을 가지고 그것을 사용하여 자신의 '소득'을 생산한다는 것입니다.

노동자에게 '소득'이란 물론 임금을 가리킵니다. 그러면 개개의 노동자가 갖고 있다고 하는 '자본'이란 무엇일까요? 푸코는 다음과 같이 말합니다. 노동자에게 '자본'이란 "이러저러하게 구체적으로 임금의 획득을 노동자에게 허용하는 육체적 및 정신적인 요인의 총체"라고 말이지요. 노동자의 '자본'('인적 자본')에 대한 푸코의 정의는《자본론》에서 칼 마르크스가 '노동력'을 정의한 바를 명백하게 참조한 것이라고 하는데요, 마르크스는 '노동력'을 다음과 같이 정의하고 있습니다. '노동력'이란 "살아 있는 인격으로서 한 사람의 인간이 지니고 있는 육체적 및 지적인 능력의 총체"로 이루어진다고 말이죠. 요컨대 신자유주의는 '노동력'을 그대로 온전하게 '자본'으로 전화시킴으로써 스스로한테 기업이 되도록 개개의 노동자를 유도했다는 것입니다. 신자유주의가 스스로 부과하는 임무는 개개 노동자가 갖고 있는 육체적 및 지적 잠재력의 총체를 스스로의 '자본'으로서 인식하도록 유도하는 것입니다. 신자유주의는 우리에게 다음과 같이 말합니다.

"당신들은 모두 평등하게 힘의 일반을 갖고 있다. 다른 식으로 말하면 당신들 자신 안에는 일반적인 힘이 있다. 일찍이 '노동력'이라 불렀던 적도 있고 오늘날에는 '수행자agency'라고도 불리는 일반적인 힘이야말로 당신들의 '자본'이며 당신들은 그것을 사용하여 각자 '소득'을 생산하지 않으면 안 된다. 그렇게 해서 당신들 한 사람 한 사람이 자본주의적 방식으로 행동하지 않으면 안 된다. 한 마디로 자기 자신을 자본주의 기업으로서 경영해 나가지 않으면 안 된다. 당신들은 더 이상 자본주의적 착취의 대상이 아니다. 이제는 당신들 자신이 자본주의적 활동의 주체인 것이다."

그리고 신자유주의는 이러한 덥적거리는 임무를 '역량 강화 empowerment'라는 깃발 아래 수행해 나가는 것입니다.

5.

신자유주의는 한 사람 한 사람의 개인에게 힘을 부여empower함으로써 개인이 스스로를 자본주의 기업으로 경영하도록 등을 떠밉니다. 더욱 엄밀하게 말하면 신자유주의는 모든 개인이 서로의 역량 강화를 끊임없이 유도하고, 사회 전체가 '기업이라는 입자에 의해' 항상 분할된 상태에 머무르도록 합니다. 하지만 여기서 다음과 같은 점을 주의해 주십시오. 신자유주의에 의한 현재의 역량 강화가 우리의 일반적인 힘에 관여하는 것은 육체적인 측면뿐만 아니라 정신적, 지적 측면도 포함한다는 것을 말이지요.

앞에서 이미 언급한 대로 푸코도 마르크스도 모든 개인이 자기 자신 안에 갖고 있는 일반적인 힘의 이중적 측면을 지적합니다. 육체적physical인 측면과 지적intellectual인 측면입니다. 신자유주의가 우리에게 '자본'으로서 인식하도록 만드는 것은 우리의 육체적인 힘 일반뿐만 아니라 우리의 지적인 힘 일반이기도 합니다. 여기에서 '육체적인 힘 일반'이라고 일컫는 것이 각각의 개인이 지닌 체력과 신체적 기능의 복합체를 의미한다고 한다면, '지적인 힘 일반'이란 도대체 무엇일까요? 그것은 앞에서 논한 바 있는 저 '지적 능력 일반'입니다. 다시 말해 모든 것에 대해 생각하고 이야기하는 저 힘을 가리키는 것이 아니겠습니까? 그리고 만약 그렇다고 한다면, 우리는 다음과 같이 말하지 않으면 안 되겠지요. 신자유주의적 역량 강화는 바로 지적 능력의 해방을 나타내는 하나의 실현 형태라고요.

신자유주의적 역량 강화는 그것이 한 사람 한 사람 개인에 대해 각각의 지적 능력 일반, 또는 '일반지성general intellect'[8]을 자본화하고 그것을 100% 사용하도록 다그치는 한, 즉 모든 종류의 사안에 대해 생각하고 이야기하도록 다그치는 한, 지적 능력 해방의 한 형태라고 해도 과언이 아닐 겁니다. 한마디로 신자유주의는 우리를 한 사람도 남김없이 지식인이 되도록 이끈다는 것입니다.

6.

신자유주의 시대에는 모든 노동자가 일반지성을 구사하여 각자의 직장에서 온갖 일을 생각하고 이야기하라는 요구를 받습니다. 예를 들어 오늘날 이탈리아 사상의 가장 중요한 이론가인 파올로 비르노는 《멀티튜드의 문법A grammar of the multitude》[9]이라는 저서에서 다음과 같이 서술합니다.

"30년 전에는 많은 공장에서 '작업 중 정숙!'이라는 표어가 벽에 붙어 있었지요. 일을 하고 있는 사람은 모두 입을 다물고 있었던 것입니다. 그리고 '입을 여는' 일은 공장이나 사무실 밖으로 나와서야 시작되었습니다. (…) 오늘날에는 몇몇 공장에 옛날 표어와

8
일반지성: 시대의 일반적인 사회적 지식 또는 집합적인 지성을 나타내기 위해 마르크스가 사용한 개념. 집합적인 육체 능력이 생산에 필수적인 것처럼, 정보 기술과 인공 지능을 갖춘 기계들이 생산 수단으로서 중요해질수록 일반지성은 생산의 주요한 힘이 된다.

9
한국에서는 《다중》(갈무리, 2004)이라는 제목으로 출간되었다.

대칭을 이루는 표어가 붙어 있습니다만, 조금도 이상하게 생각하지 않지요. 바로 '말하면서 일할 것!'이라고 말이죠."

현재에는 공장이든 사무실이든 스타벅스든 무엇에 관해서도 '흥미를 가지고' 그리고 '이야기할' 것, 다시 말해 그것에 대해 이야기할 자격이 없어 보이는 모든 사안에 대해서도 생각하고 이야기할 것을 노동자 개개인에게 요구합니다. 자동차 공장을 예로 들면, 타이어를 끼우는 부서에 속한 노동자는 타이어 문제뿐만 아니라 자동차의 문이나 앞 유리, 엔진, 디자인 문제 같은 갖가지 문제에 대해서도 관심을 갖고 이야기해야 합니다. 화이트칼라 노동자뿐 아니라 블루칼라 노동자, 핑크칼라 노동자도 지적 능력의 전부를 생산 과정에 총동원할 것을 항상 요구받습니다. 그러나 이것이야말로 랑시에르가 '지적 능력의 해방'이라 부른 것이 아닐까요? 아니면 2년 전에 이곳 버크벡대학의 강연에서 그가 '지성의 코뮤니즘'이라 일컬었던 것은 아닐까요.

우리는 이제까지 누군가가 지식인이 될 때 거기에 '정치'가 성립한다고 말한 랑시에르에 기대어 논의를 전개해 왔습니다. 그런데 만약 지적 능력의 해방이 신자유주의적인 구호 아래 이미 실현되어 버렸다고 한다면, 우리의 논의는 계속 유지될 수 있을까요? 자크 랑시에르와 같은 전망으로 볼 때 지적 능력의 해방을 '정치'라고 간주할 수 있는 것은 그것이 어디까지나 그가 말하는 '폴리스'를 전복시킬 때뿐입니다. 즉 자격을 경직되게 배분하는 데 기초한 사회 질서를 교란할 때뿐인 것입니다. 이를테면 '폴리스'는 우리에게 다음과 같이 명령합니다. "당신에게는 이것을 할 자격은 있지만, 저것을 할 자격은 없다." 혹은 "당신에게는 이것을 논할 자격은 있지만, 저것을 논할 자격은 없다." 그러한 폴리스가 신자유주의의 폴리스로서 다음과 같은 지령을 내리기 시작한다고 해도, 지적 능력의 해방은 정치적 함의를 계속 지닐 수 있을까요? 말하자면 이런 지령 말이죠. "태만해서는 안 된다. 금방 피로해서도 안 된다. 당신은 당신의 일반지성을 늘 100% 가동하지 않으면 안 된다. 당신은 어떤 일에도 적극적으로 개입해야만 한다. 또 그렇게 하기 위한 자격의 유무를 신경을 쓸 필요는 전혀 없다."

신자유주의 시대에 '지적 능력의 코뮤니즘'은 자본주의적 생산 과정의 핵심에 자리 잡게 됩니다. 신자유주의적 역량 강화는 지적 능력을 해방시키는 자본주의적 형태의 하나입니다. 또한 신자유주의 그 자체는 비르노가 말했듯이 일종의 '자본의 코뮤니즘'이 됩니다. 지적 능력의 코뮤니즘은 오늘날의 자본주의 가운데 신자유주의에 의한 '무자격의 배분'과 딱 일치하는 것으로, 바꾸어 말하면 신자유주의에 의한 '여러 자격의 비배분'과 딱 일치하는 것입니다.

랑시에르는 이곳 버크벡대학의 강연에서 "도대체 어디까지 그것을 코뮤니즘이라고 부를 것인가?"라고 반론을 제기합니다. 신자유주의를 '코뮤니즘'이라고 부른 것은 '지나친 언사'라는 것이지요. 어쩌면 랑시에르의 말이 맞을지도 모릅니다. 다만 랑시에르는 '지나친 언사'라고 단언하는 이유를 버크벡대학의 강연에서도 그렇고 다른 자리에서도 한 번도 확실히 설명한 적이 없습니다.

우리는 모두 모든 것에 대해 생각하고 이야기할 지적 능력을 평등하게 갖고 있습니다. 우리는 모두 그러한 공유의 지적 능력을 활성화시킴으로써 평등하게 지식인이 될 수 있지요. 이것은 실제로 일본에서 현재진행형인 원자력 발전 반대 데모나 런던 교외의 젊은 비정규직 노동자를 상상해 본 예에서 살펴본 대로 아주 좋은 소식입니다. 그러나 똑같은 좋은 소식일지라도 그 소식을 신자유주의 시대의 한복판에서 듣는다면 이미 좋은 소식으로 들리지 않겠지요. 여기에 고민의 씨앗, 또는 두통이 있습니다. 랑시에르는 그러한 두통으로 전혀 괴로워하지 않는 것처럼 보입니다만, 나는 거꾸로 여러분이 이 두통의 괴로움을 아주 잘 느껴 보셨으면 합니다. 왜냐하면 만약 신자유주의 시대에도 어떤 '정치'가 가능하다면, 즉 어떤 전복적인 액션이 가능하다고 한다면, 그 전제는 의심할 바 없이 이 두통 속에 있을 것이라고 굳게 믿기 때문이지요. 만약 일반 지성이 우리의 '공유물'을 이루고 있다면, 두통이라는 과잉도 마찬가지로 틀림없이 공유물일 테니까요.

7.

랑시에르가 두통을 공유하고자 하지 않는 까닭은 무엇일까? 간결하게 대답하자면 그것은 그의 논의가 '1968년 5월'과 함께, 즉 그의 스승 알튀세르와 절교하는 지점에서 출발하여 지금도 여전히 거기에 머무르고 있기 때문입니다. 1970년대 초반에 금 달러 본위제가 붕괴하고 주축통화가 변동환율제로 이행하는 것을 계기로 신자유주의가 글로벌하게 전개해 나가는 사태는 오늘날까지 이어지고 있습니다만, 이러한 현상은 랑시에르의 논의에서 완전히 무시의 대상이었습니다. 적어도 내가 아는 한, 이제까지 그의 저작에 '신자유주의'라는 말은 한 번도 등장한 적이 없지요. '자본주의'라는 말조차 등장하지 않습니다. 랑시에르의 무통無痛을 생각할 때 중요한 것은 '1968년 5월'을 계기로 알튀세르와 절교하게 되었다는 것, 1970년대 초부터 신자유주의의 전개를 자신의 논의에서 철저하게 배제했다는 것, 그리고 이런 행적이 그의 매끄럽고 연속적인 하나의 동일한 흐름 속에 있다는 점입니다.

　어떤 경위로 '1960년 5월'은 랑시에르로 하여금 알튀세르와 절교하게 만들었는가? 대답은 아주 간단합니다. '1968년 5월'은 랑시에르가 보기에 노동자들이 '생각하고 이야기하는' 지적 활동을 스스로 쟁취한 사건, 즉 노동자들이 지적 능력의 평등이라는 가설을 행동 속에서 증명해 보인 사건이었습니다. 나아가 '노동자는 노동에 전념하고, 생각하고 이야기하는 것은 지식인이 맡는다'는 역할 분담에 기초한 사회 질서를 교란시키고 전복시키는 사건이기도 했지요. 그런데 알튀세르는 그것을 이해할 수 없었기 때문에, 아니 더욱 엄밀하게 말하면 사태를 이해하는 점에서는 랑시에르와 다르지 않으면서도 그에 대한 이해를 거부했기 때문에 절교했다고 할 수 있을 것입니다. 프랑스공산당의 이론적 지도자라는 역할을 스스로 받아들였던 알튀세르에게 전위당과 대중 사이의 역할 분담은 혁명 프로그램을 실현하기 위해 불가결한 절대적 조건이었고, 이를 뒤흔드는 사건은 결코 받아들일 수 없었던 것입니다.

　실은 '1968년 5월'에 앞서 1960년대 중반에 일어났던 학생들의 반란, 즉 소르본 점거 때에도 알튀세르는 반권위주의를 내건 학생들을 통렬히 비판하고 교육(따라서 혁명) 과정에서 '지적 능력의 불평등'의 절대성을 주장했습니다. 당시 우등생 중의 우등생으로서 공산당 학생 조직의 멤버이기도 했던 랑시에르는 알튀세르의 주장에 대해 손톱만큼의 의심도 품을 여지가 없었습니다. 랑시에르는 나중에 '1968년 5월'도 그것이 막 터져 나왔을 무렵에는 '스캔들'에 불과하다고 생각했다고 회상합니다. 그런데 학생뿐 아니라 노동자도 들고 일어나 프랑스 전체를 마비시키는 엄청난 규모를 인식하고 나서야 비로소 그는 서서히 자기야말로 '실제로 일어나고 있는 현실은 무엇인가'를 있는 그대로 인정하지 못하는 '반동'이 아닐까 하는 생각을 하게 됩니다. 그리하여 1968년 가을에 '5월'의 산물로 창설된 파리8대학에서 교편을 잡기 시작하면서 그는 결

정적으로 '이데올로기론'(마르크스의 핵심적인 이론으로서 노동자 대중
은 이데올로기 장치에 의해 포획당하고 말기 때문에 자신들이 어떤 시스템
의 희생이 되고 있는지도, 그로부터 벗어나려면 어떤 행동이 필요한지도 스
스로의 힘으로는 결코 인식할 수 없다. 그래서 시스템을 외부에서 '과학적
으로' 분석하여 그들에게 설명하고 가르쳐 주는 책무를 맡은 전위 지식인이
필요하다는 이론)과 당시 그 이론의 우두머리인 알튀세르를 향해 비
판적인 자세를 취하게 되었던 것입니다.

　랑시에르는 알튀세르와 절교한 직후, 1969년부터 뱅센느에서
'로고스의 반란Révoltes logiques'이라는 연구 모임을 조직하고 19세
기 전반의 노동자 운동을 자세하게 조사하기 시작합니다. 마르크
스주의와 그 핵심 이론인 이데올로기론에 의해 19세기 전반의 노
동자 운동 고양되었을 때, 과연 그 당시부터 '지적 능력의 불평등'
에 입각한 전위와 대중의 '분업'을 전제로 삼고 있었을까? 그러한
'분업' 아래 발전해 갔다고 하는 (정관사가 붙은) '노동자 사상'이 진
실로 한 묶음으로 공유되고 있었던가? 그럴 리가 없다. 그러한 직
관에 입각해 랑시에르는 그것을 증명하고자 조사에 착수한 것입니
다. 실제로 방대한 자료 가운데 미처 알려지지 않았던 것은 '로고

스의 반란' 즉 이제까지 침묵을 강요당해 온 끈질긴 웅성거림이었
지요. 그것은 노동자 한 사람 한 사람이 매일 밤 잠자는 시간을 할
애해 시작詩作이나 사색에 몰두하여 로고스에 활기를 불어넣는 모
습(프롤레타리아의 밤), 그리고 그러한 실천에 의해 '지적 능력의 평
등'을 증명해 나가는 모습, 나아가 그러한 활동을 통해 노동과 지
적 활동이라는 사회적 역할 배분을 밑바닥부터 뒤흔드는 모습이었
습니다.

　이러한 '로고스의 반란' 속에서 노동자들이 생각하고 이야기하
는 주체로서 스스로를 긍정하는 일 없이 '노동자 사상'으로서의 마
르크스주의가 성립할 수 있었을 리 없습니다. 그러나 마르크스주
의는 자신이 그 속에서 탄생한 반란의 역동성을 고스란히 배반하
게 되었지요. 랑시에르가 중시하는 것이 바로 이 점입니다. 19세
기 전반의 노동자 운동이 '정치'일 수 있었던 것은 그것이 경직된
역할 배분에 기초한 지배적인 사회 질서를 교란시키고 동요시키
는 '반란'이었기 때문입니다. 그럼에도 마르크스주의는 또다시 거
기에 전위와 대중이라는 경직된 역할 배분을 부활시키고 말았습니
다. 그 자체로서는 이미 '반란'이라고 할 만한 것도 없고, 따라서 당

연히 '정치'라고 할 것도 없다.—이렇게 말하면서 랑시에르는 '우등생'이기를 그만둔 것입니다.

전위 지식인이 노동자 대중에 대해 설명하고자 하는 것은 '과학'의 이름으로 파악한 상황의 표상입니다. 전위가 보기에 대중은 이데올로기에 현혹되어 있기 때문에 자신들이 갇혀 있는 상황에 대한 과학적인 표상을 스스로 구상할 수 없습니다. 아니 애초부터 그런 자격이 없지요. 전위란 대중에게 설명해 주기 위해 표상을 만들어 내는 사람, 그런 자격이 자기들한테는 있지만 대중에게는 없다고 생각하는 사람들, 자기들이 만들어 낸 표상이야말로 과학적으로 올바르고 유일한 것이며, 대중에 속하는 개개인이 비록 그것을 만들어 낸다고 해도 그것은 이데올로기에 어느 정도 오염된 비과학적인 말놀이에 지나지 않는다고 생각하는 사람입니다. 알튀세르와 절교한 이후 랑시에르가 스스로에게 엄격하게 금한 것은 위에서 말한 뜻의 전위 또는 지식인으로서 행동하는 것, 즉 상황에 대한 어떤 표상을 구상하고 그것을 설명하는 행위입니다. 여기에서 실로 랑시에르가 철저하다고 할 만큼 '신자유주의'라는 말은 물론 '자본주의'라는 말조차 입에 올리지 않는 이유(적어도 그가 생각하는 이유)가 있습니다. 랑시에르가 보기에 '신자유주의'라는 말을 입에 올리는 순간, 자신은 상황에 대한 표상을 설명하는 전위 지식인의 자리에 앉게 되어 '로고스의 반란'이라는 유일한 '정치'의 출현을 저해하는 데 가담하게 되어 버린다는 것입니다.

그러므로 '신자유주의'를 '삶정치'로 이야기한 푸코도, 그것을 '통제사회'라고 말한 들뢰즈도, 그들과 함께 시대 상황을 '포스트 포디즘'[10]이라는 관점에서 이야기한 안토니오 네그리와 비르노 같은 이탈리아인들도 랑시에르가 보기에는 알튀세르와 똑같이 '지적 능력의 불평등'을 전제로 상황의 표상을 대중에게 설명하고 들려주려는 잘난 샌님에 불과합니다. '정치'란 어떤 연관도 없이, 비록 그들이 다른 곳에서 '1968년 5월'에 '왕도王道 과학에 대한 마이너적인 앎知의 봉기'를 찾아냈다고 해도 결국에는 '로고스의 반란'의 적일 따름이라는 말입니다.

8.

상황의 표상을 구상하거나 설명하는 일이 없는 랑시에르의 사상에서는 일반적인 의미의 '시간'은 조금도 흐르지 않습니다. 사회

10
포스트 포디즘: 헨리 포드가 창안한 대량 생산 방식과 경영 이념인 '포디즘'을 극복하고자 하는 움직임. 분업의 최소화, 수평적 구조, 자율권 확대 등을 통해 생산의 효율성과 인간적 작업 환경을 마련하고자 한다.

질서를 자격의 경직된 배분에서 찾아내는 그의 논의는 플라톤의 대화편《국가》에 바탕을 두고 있습니다. 랑시에르가 보기에 인류의 역사는 늘 자격의 고정적인 배분에 기초하고, 그 질서를 유지하고자 하는 사회 형태인 '국가'와 그것을 호시탐탐 전복시키려는 정치적 행동인 '반란', 이 양자가 투쟁을 벌이는 상태를 유일한 적대 관계로 삼아 전개되어 왔습니다. 오늘날에도 이 사실에는 변함이 없지요. 또한 랑시에르가 보기에 상황의 표상을 제시하고 그것으로 시대를 구분하는 것은 설명하는 지식인과 그 설명을 듣는 대중이라는 역할 배분을 도입하는 일입니다. 아니, 그런 차원의 배분은 말할 것도 없고, 시대를 <u>구분한다는</u> 행동 그 자체가 이미 '국가'적인 '<u>배분</u>'을 나타내는 훌륭한 형태이기도 합니다. 여하간 〈이데올로기론에 대해〉라는 제목으로 알튀세르에게 절교장을 보낸 1960년대 말부터 오늘에 이르기까지 40년 동안, 랑시에르가 '시간'의 영향을 전혀 받지 않고, 다시 말해 '시간'을 고려하지 않은 덕분에 '두통'을 앓는 일 없이 똑같은 논의를 온전히 반복할 수 있었던 것은 그의 논의에 담긴 비시간성 때문입니다.

"사소하게 상황의 변화가 있다고 해도 신경 쓸 일은 아니다. 사태를 대범하게 파악하라. 해야 할 일은 언제나 똑같다. ‘국가’에 대해 ‘반란’을 기도하는 것 말고 달리 ‘정치’라는 이름에 걸맞은 행동이 어디 있으랴. ‘국가’가 배분해 준 자격을 내던져 버리고 모든 자격을 무자격으로 재탈환하라.”

　이러한 랑시에르의 말이 지당한지도 모르지요. 실제로 시간의 흐름을 괄호 밖에 둔 그의 주장을 들어 보면 ‘신자유주의’라든가 ‘삶정치’라든가 ‘통제사회’라든가 ‘포스트포디즘’ 같은 것에 일희일비하는 것은 어리석고 소심하게 느껴지는 것도 사실입니다. 그러나 비록 그렇다고 할지라도 다음과 같은 생각이 떠오르는 것은 어쩔 수가 없군요. 랑시에르가 그려 내는 ‘국가’ 역시 또 하나의 표상은 아닐까 하는 생각 말입니다.

　그러나 이상과 같이 물음을 통해 나는 랑시에르 자신도 결국에는 자신이 그토록 비판하는 대상, 즉 표상을 설명하는 전위 지식인이라는 함정에 빠져 버렸다고 지적하려는 것은 아닙니다. 오히려 그의 논의가 지닌 비시간성은 실제로 시간의 흐름 바깥에 자신의 위상을 설정한 데서 유래하는 것이 아니라 어떤 특정한 ‘시간’으로 그의 시계가 멈추어 버렸기 때문이 아닐까 하는 생각이 듭니다. 그렇게 멈춘 '시간'이란 말할 것도 없이 '1968년 5월'이며 그때까지 맹목적으로 따르던 알튀세르를 향해 절교장을 보내자고 그가 결심한 순간, 동시에 스승이 체현하는 마르크스주의 자체에 대해 비판의 칼을 들이밀자고 그가 결심한 순간입니다.

자격의 고정적 배분으로서 '국가'란 시간의 흐름 바깥에 나타난 불변적인 무엇이 아니라 시간의 흐름 속에서 실로 이 특정한 순간의 상황을 둘러싸고 구상된 표상이 아닐까요? 바꾸어 말하면 '국가'가 할당해 준 자격을 내던지고 모든 자격을 무자격으로서 자신의 것으로 취하려는 개개의 학생이나 노동자의 '반란'의 역동성을 결코 인정할 수 없었던 당시의 알튀세르, 프랑스공산당, 마르크스주의, 그리고 '우등생'이었던 자기 자신을 철저하게 비판해야만 한다는 생각 자체도 지극히 특수한 상황에서 구상된 표상에 불과한 것은 아닐까요?

물론 오늘날에도 한편에서는 지식인이 상황에 대한 표상의 구상에 전념하고, 다른 한편에서는 대중이 지식인이 해줄 설명을 기다리고 있다는 '표상'은 아직도 뿌리 깊이 잔존하고 있지요. 적어도 지식인으로서 생계를 꾸려 나가는 사람들이 서식하는 세계에서는 말입니다. 그래서 지금 이 강연도 아시는 바대로 '표상'을 해체하는 것에서 시작하지 않으면 안 되었습니다. 그러나 직관적으로 우리는 이미 '1968년 5월'과 비슷한 상황을 살고 있는 것은 아니라는 느낌도 강하지요. 오늘날 지배적인 사회 질서가 지금도 자격의 고정적인 배분에서 비롯한다고는 도저히 생각할 수 없습니다. 이 강연에서도 이미 살펴본 바, 오늘날의 사회 질서는 정반대로 모든 노동자, 모든 개인에게 지식인이 될 것, 즉 자격 없는 자격으로 모든 사안에 개입할 것을 적극적으로 장려하고 있는 듯합니다. 요컨대 적어도 내게는 랑시에르가 생각하고 싶어 했던 것과는 달리 '국가'나 그 변종인 마르크스주의에 대한 싸움이 오늘날에도 '정치'일 수 있다는 믿음은 들지 않는 것입니다.

9.

랑시에르와는 달리 논의의 시계를 '1968년 5월'에서 멈추지 않았던 비르노나 네그리 같은 이탈리아의 이론가들이 우리의 '두통'을 공유하고 있다는 것은 의심할 여지가 없지요. 그러나 신자유주의 시대에도 코뮤니즘은 이미 '자본의 코뮤니즘'으로 실현되고 있기 때문에 코뮤니즘을 자본으로부터 탈환하기만 하면 된다는 알튀세르의 다소 성급한 '두통' 처방전에는 납득할 수 없는 점이 있습니다. 왜일까요? 그것은 랑시에르의 이의 제기와는 달리 신자유주의를 '코뮤니즘'이라고 부르는 것이 '지나치기' 때문이 아니라 알튀세르나 노동자에 대한 이탈리아 사람들의 규정, 즉 노동자는 '착취의 대상'이 아니라 어디까지나 '힘의 주체'라는 이탈리아 노동자주의operaismo[11]의 전통에 따른 그들의 규정과 이 처방전이 이율배반적으로 보이기 때문입니다.

그들에 대한 반론을 시도하기 전에 아무쪼록 지적해 두어야 할 중요한 것이 하나 있습니다. 이미 짐작하실지 모르겠으나 노동자를 '대상'이 아니라 '주체'라고 하는 그들의 규정이, 이 강연에서도 푸코를 참조하면서 보았듯이 신자유주의의 그것과 쌍을 이룬다는 점입니다. 푸코에 따르면 신자유주의의 요점은 개별 노동자가 스스로의 신체적, 지적 능력인 '노동력'을 그대로 '자본'으로 대체하여 독해함으로써 한 사람 한 사람을 자본주의 경제의 능동적인 주체로 다시 정립시키고자 하는 것이었습니다. 이렇게 하여 '노동자의 관점에 선' 신자유주의는 정말 '노동자주의'라 부를 수 있고, 이른바

11
노동자주의: 1960년대 이탈리아에서 나타난 노동 운동. '모든 역사는 계급 투쟁의 역사'라는 마르크스의 생각을 강조하면서, 자본이 아닌 노동이 역사를 주도한다는 생각을 공유했던 사람들이 노동자 계급의 독자성, 자주성을 주장하며 창출한 노동 운동의 흐름이다.

'자본의 노동자주의'인 것입니다. 이런 의미에서 이탈리아의 이론가들은 신자유주의에서 '자본의 코뮤니즘'을 발견한 것입니다.

랑시에르가 '국가'와 그에 대한 '반란'이라는 도식으로 역사를 비시간적으로 그려 낸 것에 반해, 이탈리아인들은 '힘의 주체'인 노동자와 끊임없이 스스로를 수정하도록 요구받는 자본제라는 도식으로 역사를 시간의 흐름 속에 위치시킵니다. 이를테면 20세기 전반의 자본은 그때까지 숙련공(작업반장)의 신체 속에 존재했던 다양한 신체적 기능을 공작 기계 속에 집어넣어 고정시키고(고정자본), 생산의 패러다임을 대공장으로 옮기는 것과 아울러 모든 노동을 획일화, 추상화하여 스스로를 수정했습니다. 이탈리아인이 이해하고 있는 바를 감히 랑시에르의 말을 빌려서 풀어 보자면, 자본의 자기 수정은 숙련공과 미숙련공 사이의 불평등한 자격의 배분(위계질서가 있는 '분업')이 이루어졌고, 미숙련공들이 이에 반란을 일으킴으로써 비로소 가능해졌다는 말이 됩니다(이탈리아인들이 워블리스Wobblies[12] 운동을 중시하는 이유는 여기에 있지요). 결국 최초에 '힘의 주체'인 노동자의 행동이 먼저 있은 다음, 자본제는 어디까지나 뒤쫓아 가서 그것을 자기 것으로 받아들인다는 말입니다. 그

[12]
워블리스: 1910년대에 활약한 미국 최초의 산업별 노동조합 연합체. 정식 명칭은 세계산업 노동자동맹(Industrial Workers of the World, IWW)이다. 노동자를 산업별로 조직하고 자본주의 제도의 폐지를 주장하면서 미국의 노동조합 운동에 영향을 끼쳤다.

리고 이러한 순서는 뒤바뀔 수 없다고 합니다.

이탈리아 사람들이 '1968년 5월'과 '1971년' 사이에 본 것도 노동자와 자본 사이에 놓여 있는 이러한 관계입니다. 이탈리아인의 분석에 따라 '1968년 5월'을 한마디로 압축하여 규정하자면 대공장의 해체를 뜻하지요. 대공장과 거기에서 일하는 노동자(대중 노동자)에게 그때까지 헤게모니를 허용해 온 불평등한 자격의 배분에 대해 대공장이 아닌 곳에서 일하는 노동자(사회 노동자)와 학생이 일으킨 반란이라는 것입니다. 이탈리아인이 보기에는 대공장의 벽을 무너뜨리고 평등을 글자 그대로 사회 전체로 확산시킨 '힘의 주체'인 노동자의 반란, 즉 그들이 '다중multitude'이라 부른 것을 출현시킨 전복적인 역동성 안에서 비로소 신자유주의의 도입이라는 형태로 1971년부터 자본주의의 자기 수정이 가능해졌다는 것입니다.

여기에서 주의할 것은 다중의 출현이라는 형태로 모든 사람의 평등의 실천과 실증이 먼저 있은 다음, 그것을 뒤에서 따라가는 식으로 자본제에 의한 '평등의 실천'의 회수 또는 영토화가 일어났다는 점입니다. 다시 말해 노동자를 '힘의 주체'로 규정하는 노동자주의의 도식에 충실하게 따르자면, 먼저 일어나야 할 것은 어디까지나 '다중의 코뮤니즘'이지 '자본의 코뮤니즘'일 리 없습니다. '1968년 5월'에 출현한 것은 비록 한순간이었다고는 해도 '다중의 코뮤니즘'이었고, 자본제가 어디까지나 꽁무니를 쫓아 그대로 영토화하여 '자본의 코뮤니즘' 즉 신자유주의의 실현을 이끌어 냈다고 생각해야 합니다. 실제로 이탈리아 사람들은 그렇게 여기고 있을 겁니다. 그러나 그럼에도 비르노나 네그리는 '자본의 코뮤니즘'이라는 두통에 대한 방책으로서 이것을 그대로 '다중의 코뮤니즘'으로 전화시킬 것, 즉 자본의 근본으로부터 '코뮤니즘'을 탈환하라는 처방을 내리는 것입니다. 내가 그들에게 늘 경의를 품으면서도 그러한 처방전을 노동자주의에 대한 배신, 혹은 지나치게 성급하고 안이한 처방전이라고 하는 이유는 여기에 있습니다. 요컨대 '힘의 주체'란 나중에 따라오는 사람의 이름이 아니라 어디까지나 앞에서 나아가는 사람의 이름입니다. 늘 자본을 앞질러 가는 사람의 이름이지 자본의 꽁무니를 따라가는 사람의 이름이 아니라는 말입니다.

10.

　신자유주의가 특히 만만치 않은 상대로 여겨지는 까닭은 그것의 영토화가 '힘의 주체'인 노동자의 행동이 초래한 성과일 뿐 아니라 '힘의 주체'인 노동자의 힘 그 자체이기도 하기 때문입니다. 즉 반란에 의해 산출된 성과뿐 아니라 반란의 전복적인 역동성 자체도 자본은 자기 것으로 훔쳐 버린다는 것이지요. 신자유주의적 역량 강화가 모든 노동자, 모든 개인에 대해 각각 지식인이 되도록 유도한다는 것은 다르게 말하면 그들 한 사람 한 사람에 대해 끊임없는 반란(사회적 자격 배분의 교란)을 요구한다는 것과 같습니다. 이렇게 반란을 적극적으로 장려하는 '자본의 노동자주의', 신자유주의를 우리는 도대체 어떻게 전복시킬 수 있을까? 반란에 대한 반란은 어떻게 하면 가능할까? 여기에 '두통'의 핵심이 있습니다.

　반란에 대한 반란은 어쩌면 자본제와 결별하기 위한 최후의 싸움일지도 모릅니다. 그렇게 생각하면 조금 긴장이 되는군요. 우리가 보기에는 현재 자본제는 신자유주의라는 막다른 단계까지 와 버렸다고 할 수 있을지 모르겠지만, 자본 쪽에서 보자면 오히려 반란 그 자체까지도 스스로의 자기 가치 증식의 과정으로 수렴하는

데 성공하여 희희낙락하고 있을 테니까요. "노동자 제군이여, 너희
들은 힘의 주체다. 그러니 마음껏 반란을 일으켜라!" 이렇게 명령
하는 자본제를 전복시킬 수 있는 '반란의 반란'을 구상하는 일이야
말로 오늘날 어쩌면 마지막이 될 '지식인의 역할과 책무'일 것입니
다. 그것은 자본에 의해 지식인이 되도록 극성맞게 등을 떠밀리고
있는 우리들 한 사람 한 사람의 역할 없는 역할을 넘어선 역할, 책
임 없는 책임을 뛰어넘는 책임일 것입니다.

'힘의 주체'란 현행 시스템에 바람구멍을 뚫고 밖에서 불어오
는 바람을 안으로 들여보내 시스템을 내파(內破)시키는 사람일 것입
니다. '반란'이란 그렇게 시스템을 외부에 드러내어 내파하도록 유
도하는 행동일 테고요. 신자유주의 시대에 자본제와의 싸움이 '반
란의 반란'이어야 한다면, 그 밑천은 외부에서 더 나아간 외부라는
의미에서 '외부의 외부'를 발견하는 것, 절대적인 '바깥'이라고도
부를 수 있는 것을 찾아내는 데 있다고 할 수 있습니다.

그러므로 우리가 앓고 있는 '두통'은 '모든 것에 대해 생각하는',
우리 뇌에 부과된 '제한 없는 책임'의 무제한성에서 유래하는 것이
아닙니다. 그것은 무제한성보다 더 외부에 있는 절대적인 '바깥'이

라는 사고 불가능한 것을 사고하지 않으면 안 된다는 책임의 불가
능성에서 유래한다고 할 수 있겠습니다. 알기 쉽게 말하자면, 무제
한적으로 많은 것을 생각하다 못해 골치가 아프게 되어 버리는 것
이 아니라 생각할 수 없는 것을 그래도 생각해야 하기 때문에 골치
가 아프게 된다는 것입니다. 랑시에르에 대해서는 더 말할 필요도
없지만, 비르노나 네그리에 대해서도 불충분하다고 할 수밖에 없
는 이유는 그들이 오늘날의 '힘의 주체'에게 부과한 책임의 불가능
성까지 가닿을 것처럼 하다가 그 직전에 유턴해 버리는 것처럼 보
이기 때문입니다(덧붙여 '철학 애호가'에게 그들의 논의가 충분히 매력적
으로 보이지 않는 이유도 어쩌면 이런 점 때문이라고 할 수 있겠지요).

랑시에르가 우리들 한 사람 한 사람에 대해 "당신 자신의 지적
능력에 대해 경멸하는 마음을 품고 있는 것처럼 행동하면 안 된다"
고 했을 때 문제는 다음과 같습니다. 모든 것에 대해 생각하는 지
적 능력은 누구나 갖고 있고 모두들 그 사실을 명확히 알고 있으니
까 자기한테만 관계된 사항을 미리 설정하고 거기에 대해서만 생
각할 수 있는 척하는 것은 그만두라는 것입니다. 그러나 우리는 랑
시에르의 이 말을 랑시에르 자신이 도달한 이해보다 훨씬 근본적

인 의미에서 이해하지 않으면 안 됩니다. 지적 능력으로 가능한 것은 '모든 것에 대해 생각하는' 정도가 아니지요. 우리들의 지적 능력은 생각할 수 없는 것을 생각하는 것조차 가능합니다 그렇게 긍정할 때 비로소 우리는 자신의 지적 능력에 대한 '경멸'에서 완전히 해방됩니다. 거기에 바로 참된 최후의 '지적 능력의 해방'이 있습니다.

　지적 능력을 왕성하게 만드는 것, 지적 능력으로 지적 능력을 해방시키는 이러한 지적 능력의 봉기는 아마도 '물음'의 생산으로 실현될 것입니다. 모든 것에 대해 생각하는 힘으로 규정하는 한에서 랑시에르적인 '지적 능력'은 어디까지나 '답'을 생산하는 것이었지요. 모든 것에 대해 생각하는 힘이 모든 사람에게 있다는 것은 어떤 문제에 대해서도 '의견'을 가지는 힘, 온갖 '물음'을 무자격의 자격으로 스스로의 것으로 받아들여 각각에 대해 가설적인 '답'을 생산하는 힘이 누구에게나 있다는 말입니다. '노동력'의 지적 측면, 즉 마르크스가 '일반지성'으로서 발견하여 신자유주의가 '인적 자본'의 지적 측면이라고 새롭게 다시 규정한 것도 어디까지나 모든 종류의 물음에 대해 답을 생산하는 힘으로 규정할 수 있을 때에만

'지적 능력'입니다. 그런 의미에서 마르크스도 신자유주의도, 혹은 그 '교차점'에 있다고 볼 수 있는 이탈리아의 이론가들도 '지적 능력' 자체의 과잉으로서 존재하는 것, 즉 생각할 수 없는 것을 생각하는 힘으로서 물음을 생산하는 힘을 문제로 삼은 적은 없었지요.

사고 불가능한 것을 사고하는 것으로서 물음의 생산이란 구체적으로 어떠한 것일까요? 최근 흥미로운 이야기를 하나 들었는데요. 아실지도 모르겠지만 2011년 9월 11일 도쿄에서 있었던 원자력 발전 반대 데모에서 참가자 열두 명이 체포당하는 일이 벌어졌습니다. 그중 한 사람과 석방된 뒤에 만나서 이야기할 기회가 있었는데요. 그 사람 말이 취조할 때 어떤 경찰이 "도대체 뭘 하자는 데모인지 전혀 이해할 수가 없단 말이야……."라고 했답니다.

역시 경험이 많은 경찰의 지적이라 그런지, 과연 날카롭다고 느꼈습니다. 둔한 감성의 소유자라면 '원자력 발전 반대'를 내건 데모니까 원자력 발전을 반대한다는 것은 불 보듯 뻔하다고 '이해하고' 끝나 버렸겠지요. 이 강연의 전반부에서 전개한 논지에 따라 말하자면, 이제까지 자격이 있다고 여겨진 사람들(이른바 '원자력 발전소가 있는 마을'의 사람들)만 생각하고 이야기해 온 원자력 발전 문제에 수많은 사람들이 무자격의 자격으로 개입해 자격 분배에 기초한 사회 질서를 동요시키는 동시에 지적 능력의 절대적인 평등을 실천을 통해 실증해 내고 있다고—앞서 우리 자신이 실로 그렇게 하려고 했던 것처럼—'이해하는' 것으로 끝나 버렸을 겁니다.

하지만 그 문제의 경찰은 거기에서 '도대체 이해할 수 없는' 무언가를 찾아내고 있었던 겁니다. 물론 그는 사람들이 원자력 발전에 반대하거나 탈원자력 발전을 주장하는 것 자체를 '도대체 이해할 수 없다'고 말하는 것이 아닙니다. 원자력 발전 반대나 탈원자력 발전을 요구하는 외침이 단순한 '집단 히스테리'로밖에 들리지 않는 것은 이시하라 노부테루뿐이겠죠. 그러나 그 경찰은 '원자력 발전'을 내건 데모대 한복판에서 원자력 발전 반대와 탈원자력 발전을 외치는 목소리뿐만 아니라 그것과는 별개의 무엇, 그 이상의 무엇, 과잉의 무엇을 동시에 느꼈습니다. 그래서 그 과잉의 무엇에 대해 '도대체 이해할 수 없다' 즉 소음으로밖에 들리지 않는다고 말한 것입니다.

그러나 그 경찰의 감각이 날카로운 점은 원자력 발전 반대 데모 가운데 원자력 발전 반대와 탈원자력 발전 이상의 무언가가 있는 것을 눈치챘기 때문만은 아닙니다. 그에게는 소음으로밖에 들리지 않는 과잉의 무엇이야말로 어쩌면 '원자력 발전 폐지'의 의사 표명보다 원자력 발전 반대 데모 참가자들이 한층 더 중점적으로 '하고 싶은' 것이라는 기묘한 사실을 알아챘기 때문입니다.

　반드시 원자력 발전 반대와 탈원자력 발전의 노래를 연주하고 있었다고 보기 어려운 펑크밴드나 DJ를 태운 사운드 카 주변에서 체포당한 사람이 가장 많았던 것은 우연이 아닐지도 모릅니다. 다만 이 점이 중요한 포인트인데요, 경찰한테 소음으로밖에 들리지 않았던 것은 엄밀히 말해 펑크밴드나 DJ의 연주 자체는 아니었을 겁니다. 그가 '도대체 이해할 수 없다'고 한 것은 원자력 발전 반대나 탈원자력 발전을 외칠 것처럼 생기지 않은 패거리가 원자력 발전 반대 데모의 대열 안에서 다른 참가자 그룹과 별달리 부딪치지 않았다는 것, 즉 '자연스럽게' 그 안에 섞여 들어 데모 참가자들과 함께 '자연스럽게' 흥을 내고 있다는 기묘한 사태를 가리키는 것이었겠지요. 다시 말해 펑크밴드나 DJ의 연주는 원자력 발전 반대나 탈원자력 발전을 확실하게 주장하지 않았습니다. 오히려 '원자력 발전 반대'의 목소리를 깔아뭉갤 수도 있다는 점에서 그런 패거리와 원자력 발전 반대 데모는 조화를 이룬다고 말할 수 없을 겁니다. 그런데도 그 둘 사이에서 그 경찰은 바로 '도대체 이해할 수 없는' 술렁거림과 소음을 들었던 것이고, 그러한 과잉의 지점에 '사이'를 만들어 내고, 그 '사이'에서 살아가는 일이야말로 데모 참가자들이 중점적으로 '하고 싶은' 것임을 알아차린 것입니다.

물음의 생산이란 이렇게 '사이'를 창출하는 것입니다. 경찰이 이 '사이'를 '도대체 이해할 수 없다'고 한 것은 그것이 어디까지나 순수한 '물음'으로서 제기될 뿐, 그 어떤 '답'도 거부하고 있기 때문은 아닐까요? 모든 사람에게 지적 능력이 있다는 것은 어떤 물음에 대해서도 '의견'이 있고, 그것에 대한 가설적인 '답'을 구상하는 힘이 누구에게나 있다는 것만을 의미하지 않습니다. 그것은 앞에서 보았듯, 세계를 구성하는 요소를 새로운 방식으로 연결시켜 결코 메울 수 없는 '사이'를 창출하면서 그 어떤 '답'으로도 환원시킬 수 없는 순수한 '물음'을 생산하는 힘이 누구에게나 있다는 것을 의미하기도 합니다. 이러한 의미의 힘이야말로 사람들이 평등하게 공유하는 지적 능력 중에서도 가장 고차적인 형식인 '생각할 수 없는 것을 생각하는 힘'입니다. 이러한 차원에서 지적 능력의 평등을 실천하고 증명하는 것이야말로 참되면서 최후가 될 지적 능력의 해방, 지적 능력의 봉기, 즉 '반란의 반란'일 것입니다.

감사합니다.

이 책은 〈두통: 앎의 해방에서 봉기로〉와 〈원자력 발전과 봉기〉를 제외하면 2009년 2월부터 2011년 9월까지 매달 한 회씩 《주간 금요일週刊金曜日》의 〈삶의 최소회로生の最小回路〉라는 코너에 연재한 글을 모은 것이다. 《주간 금요일》은 광고 수입에 전혀 의존하지 않는 운영 방침을 표명하는 잡지이며, 이후로도 나의 연재는 계속되고 있다.

《주간 금요일》 편집부의 야마무라 세이지山村淸二 씨에게 연재에 관한 제안을 들었을 때 매력적이고 도전적인 느낌을 받았다. 왜냐하면 그것은 매회 사상과 영화를 동시에 논하면서도 그것을 통해 도래해야 할 운동이 어떤 것인지 호소할 수 있는 시평時評을 쓰는 것이었기 때문이다. 두 쪽짜리 연재 지면에 한편에는 사상을, 다른 한편에는 영화를 배치하고 그 '사이'에 운동의 맹아를 싹틔우는 동시에 '시평' 즉 상황론의 성격도 부여하는 것이다.

도쿄도립대학이 '수도대학도쿄'라는 기괴한 물건으로 모습을 바꾸자마자 도쿄경제대학으로 옮긴 '투쟁하는 영문학자' 모토하시 테쓰야 씨가 없었다면 《주간 금요일》에 연재하는 일도 없었을 것이며, 따라서 이 책도 나오지 않았을 것이다. 모토하시 씨는 이 잡지의 편집부인 고바야시 가즈코小林和子 씨와 함께 매회 많은 지면을 할애하여 젊은 사상가와 연구자를 한 사람씩 성실하게 소개하는 연재 코너 〈격투하는 사상〉을 계속하고 있는데, 내가 《주간 금요일》과 첫 대면을 한 것은 《투쟁의 최소 회로鬪争の最小回路》(2006)를 출간하고 나서 이 코너에 초대받아 나갔을 때였다. 모토하시 씨는 2010년 4월부터 객원교수로 있는 런던대학교 버크벡대학에서 내가 강연했던 원고를 이번에 대폭 가필하여 글머리에 실을 수 있도록 제안해 주셨는데, 내게는 더할 나위 없는 기쁨이었다.

2010년 4월부터 1년 동안은 근무처인 교토의 류코쿠대학의 해외연구원 제도를 통해 파리에 체재했다. 이러한 행운 덕분에 이 책이 시평집으로서 더욱 풍부해진 것은 의심할 바 없다. 파리 체재를 전후로 하여 타의 추종을 불허할 만큼 급진적인 사고의 소유자인 '악당 불문학자' 시라이시 요시하루白石嘉治 씨(《불순한 교양不純なる教養》의 저자)와 도쿄의 모 카페에서 매주 이야기를 나누고 그때그때 상황 인식을 공유해 온 것도 이 책의 성립에 빠질 수 없는 중요한 요소였다. 시라이시 씨의 신선한 자극이 없었다면 매달 연재하는 글도 쓸 수 없었을 것이다. 또한 〈원자력 발전과 봉기〉는 이 책의 기획자이자 편집자인 아베 하루마사阿部晴政 씨가 편찬한 평론집 《사상으로서의 3.11思想としての3.11》을 위해 집필한 글인데, 이 글 역시 시라이시 씨께 빚진 바가 많다.

그러나 앞에 거명한 누구보다도 더욱 중요한 사람은 이 책을 집필하는 데 절대적으로 없어서는 안 될 존재였던 아내 사토 히로미佐藤公美일 것이다. 이렇게 솔직하게 이야기하는 무례함을 그들은 분명 용서해 줄 것이다.

야마무라 세이지, 모토하시 테쓰야, 고바야시 가즈코, 시라이시 요시하루, 그리고 아베 하루마사께는 진심으로 감사를 드리며, 사랑에 대해 쓴 이 책을 사토 히로미에게 바친다.

2011년 11월 16일

교토에서 히로세 준

변화를 갈구하던 시대가 있었다. 점진적이고 차분한 변화가 아니라 한꺼번에 모든 것을 무너뜨리고 온통 새로운 것으로 세상을 채워야 직성이 풀릴 것 같은 시대였다. 비등점까지 끓어오른 열정이 인류의 유토피아 실현을 향해 돌진하고 있었고, 모든 것을 바쳐도 아깝지 않은 '혁명'의 이상이 별처럼 창공에 빛나고 있었던 시대였다. 혁명은 역사를 힘 있게 밀고 나가는 '기관차'임에 틀림없었다.

그런데 언제부터인가 그 기관차가 멈춰 버렸다. 어색한 과거형이 되어 버렸다. 피로와 절망이 쌓인 청년의 마음은 언제부터인가 더 이상 청년의 마음이 아니게 되었다. 더 좋아질지 더 나빠질지 모르는 불안정한 변화 대신 더 이상 나빠지지 않는 안정을 추구하는 시대가 들어앉아 버렸다. 성마른 변화보다 낯익은 과거의 연장이 더 낫다고 스스로를 달래는 분위기다.

이 책은 위기와 불안으로 가득 찬 이 시대의 고단한 삶을 견디고 돌파하고자 하는 발언으로 볼 수 있다. 혁명의 시대는 이미 지나갔다고 의식하는 사람이라면, 혁명은 기껏해야 '왕년 타령'에 지나지 않게 되었다고 풀이 죽은 사람이라면, '봉기와 함께 사랑이 시작된다'는 아포리즘에 꽤 매력을 느끼지 않을까 한다. 거기에는 무슨 말인지 알고 싶게 하는 끌림이 있다. 봉기는 무엇이며 사랑은 무엇인지 새삼 묻고 싶어진다.

이 책을 읽는다고 혁명과 봉기의 다른 점을 딱 떨어지게 요약하기는 어렵다. 하지만 2013년 뱀의 해에 질 들뢰즈의 재미있는 비유는 꽤 참고가 된다. 선분적인 시간성 속에서 어느 시점에 고개를 내미는 두더지가 혁명이라면, 단절이나 쉼 없이 늘 유동성에 가득 찬 시간을 기어가는 뱀이 봉기에 해당한다. 혁명의 비일상성과는 달리 봉기는 데모와 일상을 전혀 구분하지 않는다. 문제의 해결로 피로를 보상받는 혁명과는 달리 봉기는 처음부터 끝까지 문제를 떠안고 피로를 느끼는 과정이다.

이 책에서 말하는 혁명과 봉기의 차이는 새로운 시대 징후의 소산이며, 이 점에 관한 언급에 고개를 끄덕거릴 만한 대목도 적지 않다. 다만, 혁명의 시대가 갔다는 이유만으로 봉기 운운하는 것은 (저자의 의중과는 달리) 자칫 새로운 트렌드를 추종하는 경박함으로 비칠 염려도 있다. 한국 사회에 비하면 훨씬 이른 시기에 변화를 추구하는 역동성을 잃어버리고, 어떻게 보면 행동과 실천보다는 관념과 말이 앞서 보이는 일본 사회를 생각하면 더욱 그렇다.

'봉기와 함께 사랑이 시작된다'는 말이 뿜어내는 매력이 혁명에 대한 무력함을 봉합하는 엉뚱한 역할을 떠맡지 않도록 마음을 쓰면서 이 책을 읽을 필요가 있다.

2013년 1월 7일

교토에서 김경원

옮긴이
김경원

서울대학교 국어국문학과를 졸업한 후 동 대학원에서 문학박사학위를 받았고, 일본 홋카이도 대학에서 객원연구원을 지냈다. 동서문학상 평론부문 신인상을 수상한 이후 문학평론가로 활동했으며, 기획과 편집 등의 출판 관련 작업에도 줄곧 참여하고 있다. 옮긴 책으로는 《일본 변경론》, 《청년이여, 마르크스를 읽자》, 《가난뱅이의 역습》, 《우리 안의 과거》, 《세계화의 원근법》, 《마르크스 그 가능성의 중심》 등이 있다.

봉기와 함께 사랑이 시작된다

초판 1쇄 발행 2013년 2월 15일

지은이 히로세 준 | 옮긴이 김경원
책임편집 고선향 | 아트디렉션 정계수 | 디자인 박은진, 장혜림

펴낸곳 바다출판사 | 발행인 김인호
주소 서울시 마포구 서교동 398-1 창평빌딩 3층 | 전화 322-3885(편집), 322-3575(마케팅부)
팩스 322-3858 | E-mail badabooks@gmail.com | 홈페이지 www.badabooks.co.kr
출판등록일 1996년 5월 8일 | 등록번호 제 10-1288호

ISBN 978-89-5561-655-2 03300